結果を出す
組織は、どんな
会議
をしているのか？

相原秀哉

Aihara Hideya

フォレスト出版

はじめに

「いったい、この会議は何を目指しているのか?」

「みんなが自分の言いたいことを言い合うだけで
会議の体をなしていない!」

　長くビジネスに携わっていると、このような「残念な会議」に遭遇することがあります。また、その一方では議論にまったくムダがなく短時間で成果を出す会議にかかわることも少なくありません。

　筆者は当初、両者の相違は参加者の論理的思考力やプレゼンテーションスキル、コミュニケーションスキル、あるいはタイムマネジメントスキルなど、参加者の属人的なスキルや経験の違いによって生じているのではないかと考えていました。

　しかしあるとき、個々人のビジネスパーソンとしてのスキルは申し分ないのに、いざ会議となるとグダグダになってしまう組織を発見しました。有能なビジネスパーソンが集まって会議をすれば、短時間でサクッと議論をして結論に至ることができるだろうという私の考えは誤っていることに気がついたのです。

よく考えてみれば、それは当然のことでした。スポーツにたとえると、バスケットボールやサッカーなどの団体競技では個々のメンバーの力量がいくら高くても、それだけでは勝てません。メンバー間での協力体制はもちろんのこと、事前に戦略や戦術を立て、刻一刻と変わる状況を把握し、試合をコントロールすることで勝利を手にできます。

　会議はこれらのチームスポーツと同じです。参加者個人のスキルに頼るのではなく、会議を成功に導く方法を理解し、実践することによって勝率を上げる、すなわち会議の目的を達成して成果を出す確率を上げることができるのです。

　1人1人がバラバラに働いているだけでは組織全体の成果は個々人の成果の総和にしかなりません（足し算）。ところが、人が集まって会議をして、そこで出た知恵をもとにうまく動けるようになれば、成果は何倍にもなります（かけ算）。
　また、反対に会議をしたとしても、やり方が下手であれば、成果はゼロ、ひどい場合はマイナスになってしまいます。
　つまり、会議で成果を上げられるか否かは組織全体の業績に大きな影響を与えます。

　組織が業績を向上させるためには、会議で成果を出すことに徹底的にこだわる姿勢や、文化の浸透が欠かせません。筆者は「会議に出ること」そのものを仕事とは考えていません。

会議への参加は、それ自体が価値を生むことではない、すなわち「仕事をしている」とは言えないということです。会議とは何らかの目的を達成するための手段であり、そのために参加者の「時間」と「人件費」という貴重なリソースを割いています。

そして**会議を「リソースの投資」と捉えれば、相応のリターンを期待するのが当然**です。しかし、このことを意識して会議を運営できている組織があまりにも少ないというのが筆者の問題意識です。もし、御社の普段の会議に以下の項目が当てはまるようなら、その会議は十分なリターンを得られていない恐れがあります。

- 参加者が集まってから「今日は何について話そうか」と始まる
- 何がどうなったら「その会議が成功した」と言えるかがわからない
- 決めるべきことが遅々として決まらない
- 参加者が活発に発言するものの、一向にまとまらない
- 参加者間で話が微妙に噛み合わない
- 多数決で意思決定するものの、あとで不平不満が募る

このような状況を放置したままでは、いつまで経っても「成果を上げる組織」にはなれません。そこで、本書ではこのよ

うな「残念な会議」を「価値を生む会議」へと変貌させるための方法を体系的かつ詳細に説明しています。

　筆者は、前職のIBM在職時より業務改善のコンサルティングを生業としており、業界や規模を問わず多くの企業で3000を超える会議に参加してきました。その中には当然ながら「しっかりと価値を生む会議」もあれば、「価値を生むことができなかった会議」の両方がありました。

　20代の頃はクライアント企業に常駐して作業することが多かったので、もし会議をうまく回せなくても作業の質と量（主に量ですね）で挽回できる余地がありました。しかし年齢を重ね、独立した今では常駐案件はなくなり、会議ベースでのコンサルティングサービスがメインになっています。

　それはつまり「会議で価値を生むか、それができなければ仕事と、クライアントからの信頼を失う」ことを意味します。そのため、現在の筆者にとってクライアントとの会議は「失敗が許されない真剣勝負」なのです。

　そのため、会議で確実に価値を生むにはどうしたらよいかを常に模索し、実行に移してきました。本書の内容は、これまでに参加してきた3000を超える会議での経験をもとに、実際に会議で使って効果があった方法や考え方をまとめたも

のです。

　なお、読者の中には「会議の本なのに議事録について触れられていない」ことに気づかれた方もいるかもしれません。その理由は第2章「議論をリアルタイムに可視化する」の内容に関係がありますが、ここでも少し触れましょう。

　会議後に議事録を作成して参加者間で内容を確認し、修正するのは手間と時間がかかります。それに対して、**議論を会議中に可視化・共有してしまえば、会議後にわざわざ議事録を作成する必要そのものがなくなります。**会議資料を見れば、そこに必要なことがすべて書かれているからです。会議中に参加者全員が見えるところで議論が可視化されるので認識の齟齬は発生しません。そのため、会議後に議事録を作成して共有するより、はるかに効率的です。

　このように、短時間で効果的に成果を出すために会議を常識から問い直しているのが本書の特徴の1つです。現状の会議の進め方に不満を抱いている方、失敗できない重要な会議を取り仕切ることになった方、組織の力を発揮して業績を上げたい方にとって、本書が一助となれば幸いです。

CONTENTS

第**2**章　> 　議論をリアルタイムに
　　　　　　可視化する

第4章 〉 停滞を突破する 最速化テクニック

第5章 〉 **多数決、全会一致で
意思決定をしてはいけない**

ブックデザイン	bookwall
本文DTP制作	近藤真史
本文図版制作	津久井直美
編集&プロデュース	貝瀬裕一（MXエンジニアリング）

第1章

始まる前に半分終わらせておく

01 | 準備段階で 会議を成功に導く

うまくゆく状況を先に作っておく

　紀元前、中国の軍事戦略家・孫子の兵法に「勝兵は先ず勝ちて而る後に戦いを求め、敗兵は先ず戦いて而る後に勝を求む」という言葉が残されています。

　これは「勝つ兵というのは先に勝てる状況を作ってから戦う一方で、負ける兵というのはまず戦ってから勝ちを求める」という意味です。

　この考え方は現代のビジネスにも当てはまるもので、「勝ち」を「成功」と捉え直すことで会議にも応用できます。それは、「準備段階で会議を成功に導く算段を練っておく」ということです。

「さあ、今日の議題はどうしましょうか?」はNG

　筆者はこれまでに3000件を超える会議に参加してきましたが、準備不足の会議はあまりにも多い印象です。

　そして、準備を怠った会議の多くは成果を上げられないまま解散するケースが多々見られます。

　その最たる例は、参加者全員が会議室に集まってから「さあ、今日の議題はどうしましょうか?」で始まる会議です。

　そもそも、会議の議題を何にするかを話し合うことに参加者の貴重な時間を費やすのはもったいないことです。

　さらには、その場で決めたテーマについて議論しようにも、残り少ない時間の中で納得感のある結論に導くことは至難の業です。

入念に準備することで議論に集中できる

　それに対して、「会議をどのように成功に導くのか」

を事前に考え抜き、入念に準備をしている場合は、会議の開始時から実のある議論に集中することができ、求められる成果を上げることができます。

　もちろん、準備をしていても想定外のことが起こって、うまくいかない場合があることは事実です。ですから、準備をしっかりしていれば必ず成功するというものではありませんが、**準備をおろそかにすれば十中八九、うまくいくことはないでしょう。**

　スポーツの世界では、プロフェッショナルはもちろんアマチュアであっても、ある程度レベルの高いチーム、個人は、試合に勝つために事前に作戦を立てたり、コンディションを整えたりして入念に準備をして臨むことが当たり前になっています。
　会社で働くビジネスパーソン、いわば「ビジネスのプロフェッショナル」も**会議という重要な意思決定の場に臨む際は、成果を上げるために準備をしておくことは当たり前である、**という感覚を持ちたいものです。

　それでは、次の節から会議を成功に導くために、どのような準備をすればよいかを見ていきましょう。

02 | ゴール（狙い）を定める

その会議は何を達成したら成功なのか？

　これまでに筆者が見てきた会議の多くは「以前からやっているからとりあえず開催する」というもので、「そもそも何のために開催するのか？」「何を達成したら成功と言えるのか？」がまったくわからない状態のまま開かれるものでした。

　このような会議では、参加者がどこを目指してよいかわからず、互いに言いたいことを言い合うだけで、極めて生産性が低い会議になりかねません。

　この状況をサッカーやバスケットボールにたとえるならば、コートの両端にあるべきゴールが存在せず、両チームの選手がひたすらボールの奪い合いをしているようなものです。

それだけでも選手が必死に動くことで練習にはなるかもしれませんが、勝敗はつかず試合になりません。

これと同じことが会議にも当てはまります。そもそも会議の目的が不明瞭なままに議論を始めてしまえば、参加者は好き勝手に自分の話したいことを話すだけで有意義な議論からはかけ離れてしまいます。

「○○について検討する」がNGな理由

さて、仮に「顧客からのクレームについて話し合う」というテーマで会議を設定した場合を考えてみます。

これは一見すると目的が定まっているように見えますが、よく考えてみると「クレームへの対応を話し合った結果、何を達成しようとしているのか」が見えません。

本来、設定すべき目的とは、次のようなものであるべきでしょう。

・自社のサービスへのクレームを減らすこと
・個別のクレームに十分に対応できる体制を整えること
・クレームをサービスの品質向上に活かすこと

このような明確な目的を設定しないで、「顧客からのクレームについて話し合う」というような曖昧な目的しか設定できていないと、参加者は自分の興味・関心があることを好き勝手に話すだけ話して終わってしまいます。これでは、意味のある成果を出すことは望むべくもありません。

　つまり、会議の目的が「〇〇について検討する」とか「××について議論する」などと設定されていたら要注意ということです。

「どこまで目指すのか?」を 事前に決めておく

　さらには目的を定め、その会議で目指す方向を示したとしても、まだ油断は禁物です。

　というのも、会議の場だけで目的を達成できることはあまり多くはないからです。会議で話し合った結果をもとに行動することによって、はじめて何らかの成果に結びつけることができるのです。

　仮に会議の目的を「自社のサービスへのクレームを減らすこと」と決めたとしましょう。そのうえで、その会

議におけるゴールを次のように設定します。

・クレームの内容を精査して原因を突き止めること
・クレームへの対応方針を合意すること
・対応方針の実行計画を策定すること

　このように、目的を達成する道のりにおいて、その会議では「どこまでを目指すのか？」というゴールをあらかじめ決めておきます。**ゴールを何にするかによって、会議のアプローチ（進め方）や成否の判断が変わってくる**はずです。

　なお、会議のゴールを設定する際には、定めた目的を達成するための道のりを俯瞰したうえで、「その会議を目的達成のどこに位置づけるのか」という全体観を意識して行なうことが大事です。
　そうでなければ、たとえ会議のゴールを達成しても目的達成までの道のりを考慮すると不十分である、ということになりかねません。

ストレッチ目標と最低防衛ライン目標

　また、狙いを定める際には「できればここまで達成したい」というストレッチ目標と「最低限、これだけは死守したい」という最低防衛ライン目標の2つを設定しておくことをおすすめします。

　会議には考え方が異なる人が複数参加することが基本ですから、程度の差はあれ、何かしらの不確実性をともないます。

　そのため、初っ端から議論が紛糾するようならば、あらかじめ設定しておいた「最低防衛ライン」を死守できるようにファシリテーションし、議論が円滑に進むようであれば、ストレッチ目標の達成を全員で目指すようにするのです。

　まずは「その会議で何を目指すのか？」、そして「どこまでを目指すのか？」を準備段階で考え抜いたうえで、会議への招集時に参加者に伝えましょう（次ページ 図01-01 ）。

　また、会議の冒頭でも必ず「この会議の目的は何か？」「この会議のゴールは何か？」ということをしっかり説

明・周知したうえで議論に入るようにしましょう。

　このことは参加者が同じ方向を向いて議論をする手助けになります。

図 01-01

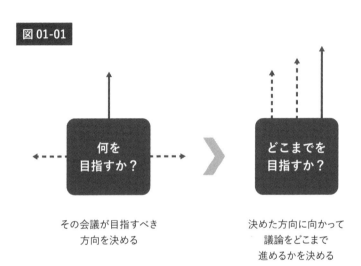

何を
目指すか？

その会議が目指すべき
方向を決める

どこまでを
目指すか？

決めた方向に向かって
議論をどこまで
進めるかを決める

03 | アプローチ（進め方）を定める

行き先と行き方の両方を決めておく

　ゴールが決まったら、今度はアプローチ（進め方）を決めましょう。

　アプローチを考えずに会議に臨むというのは「どこかに移動するときに、行き先は決まっているけれど行き方がわかっていない」状態と同じことです。

　会議のアプローチが「決まっていない」ということは、これと同じように個々の参加者が思い思いの進め方をするということです。それでは、議論が噛み合わず、なかなか前に進まないでしょうし、話の内容もあっちへ行ったり、こっちへ行ったりと、さまよってしまうことになりかねません。

　また、先ほどと同様にサッカーやバスケットボールの

例で言えば、狙うべきゴールがわかっているからといってもゴールを決められるとは限らない、ということです。

　敵チームは当然、ゴールされるのを阻止しようとディフェンスしてきます。それをメンバー間でのパスの連携やドリブルなどの個人技でどうかわして誰がシュートを打つのか、あるいは、もし敵にボールを奪われたらどう対応するのかといった作戦を考えて、それを実行に移さなければ勝つことはできないでしょう。

　会議も同様に、ゴールに到達するための作戦、すなわちアプローチを練る必要があるのです。

アプローチを考えるときの 2つのポイント

　では、アプローチはどうやって考えればよいのでしょうか？

　それには2つのポイントがあります。

ポイント①　何をどのような順番で話すか
ポイント②　どのような形式で話すか

❯ ポイント① 何をどのような順番で話すか

会議の目標を達成するために「先に何について話しておかなければならないか」を決めて、それを議題として設定します。

たとえば、会議のゴールが「経営陣に自部門の来年度予算案を承認してもらうこと」だった場合には、次のようなアプローチが考えられます。

・予算案の背景を説明する
・予算案を構成する項目とその内容、金額の妥当性について説明する
・予算案についての疑問や懸念に回答する
・予算案について承認を得る

もちろん、これは会社の文化や経営陣の持っている前提知識などによって最適なアプローチは異なります（次ページ 図01-02 ）。

というのも、「結論ファースト」の文化が組織に浸透している場合であれば、背景よりも先に「○○に××円の予算が必要なので、本会議でのご承認をお願いします」と話してから、その背景や内訳などの詳細を説明するほ

うがよいでしょう。

　また、反対に背景からきちんと説明する文化が浸透している会社であれば、そうするほうがよいでしょう。

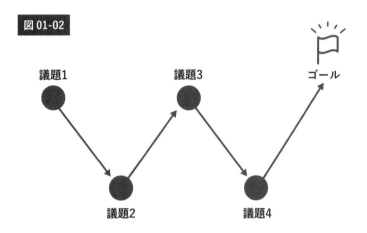

図 01-02

議題1

議題2

議題3

議題4

ゴール

何をどの順番で話せばゴールにたどり着くか、を考える

ポイント②　どのような形式で話すか

　「何をどのような順番で話すか」を決めたら、次に「どのような形式で話すか」についても考えます。

　これは、会議で予算案の承認のような意思決定をするのか、それともこれまでにない斬新な商品のアイデアを出すのか、といった狙いによって、会議の最適な形式が異なるためです。

・厳格な意思決定のための会議ならば、提案者、決裁者がずらりと席に並んだ一般的な会議形式
・参加者の創造性を発揮して自由闊達(かったつ)な意見を多く出してもらいたいならワークショップやワールドカフェなどの形

　上記のような形式があります。いずれにせよ大事なことは、狙いに応じて適切な形式を選択することです（ 図01-03 ）。

図 01-03

一般的な会議の形式

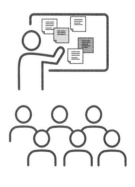

ワークショップ形式

まとめると、会議のゴールを達成するうえで、「何を
どのような順番で話すか」「どのような形式で話すか」
の２点について、最適と考えられるものを決めてから
臨むのが肝要ということです。

04 | 進行を シミュレーションする

思いがけない逆風に備えておく

　会議のゴールとアプローチが決まっても、まだ安心できません。

　議論の内容や参加者の顔ぶれによっては、思いがけない逆風が吹くのが会議の怖いところです。もし、その会議の進行がすんなりいかないことが予想されるのであれば、さらにもうひと工夫することが必要です。それがシミュレーションです。

　その会議が重要であるほど、そして不確実性が高いほど、事前にシミュレーションしておくことをおすすめします。特に、以下のような会議ではシミュレーションが効果を発揮します。

・部署間の利害関係があるため、モメることが予想され

る議題を扱う場合

・ひと癖ある参加者がいる場合（たとえば、どんな意見に対しても否定的な意見しか言わない人、本筋に関係ない些末な指摘をする人がいるなど）

　このようなケースにおいて会議のゴールを達成するのはひと筋縄ではいきません。

　しかし、事前にシミュレーションを行なうことで、会議本番で失敗につながりかねない波乱要因が発生したときに迅速かつ適切な対処ができます。

　再び、先ほどと同様にサッカーやバスケットボールの例で言えば、波乱要因とは敵チームの戦術の変化や、特定の状況下でミスをしやすいメンバーの存在などです。

　試合のシミュレーションをしておくことで波乱要因をある程度予測できれば、慌てることなく効果的に対処できるはずです。

　これと同じことが会議にも当てはまります。同じ波乱要因でも、あらかじめ想定しているのと想定していないのとでは、対処の仕方に雲泥の差があるということです。

事前に意識しておくべき3つのポイント

　シミュレーションする際は、特に次の3つの要素を意識するとよいでしょう（ 図01-04 ）。

①想定される会議の雰囲気
②参加者の性格
③議題の中での難所

図 01-04

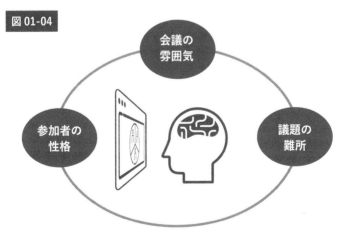

3つの要素について事前にシミュレーションしておく

①想定される会議の雰囲気

　「想定される会議の雰囲気」については、気にかける人はあまり多くないかもしれませんが、会議の成否を左右する重要な要素です。

　本来であればすんなりゴールを達成できそうな軽めの議題であっても、会議の雰囲気が険悪な場合には難航することを覚悟しなければなりません。

　もし、事前に会議をシミュレーションした結果、最初から会議自体に対して否定的な雰囲気が想定されるようならば、本題に入る前に会議の意義について丁寧な説明を入れたり、アイスブレイク（緊張を解きほぐす手法）を入れたりして対処するなど、何らかの手を打つ必要があるでしょう。

②参加者の性格

　「参加者の性格」についても考慮してシミュレーションしておくことで、会議の破綻や停滞を予測し、あらかじめ手を打つことができます。

　たとえば、否定的な意見しか言わない参加者がいることが事前にわかっているのであれば、最初に会議の趣旨について説明したうえで建設的な意見を心がけてくれる

ように要請したり、否定的な意見が出たとしても「なるほど、今のご指摘に対処できれば問題がクリアされるということですね」と切り返すことで、議論を前に進めることができます。

　また、発言が一部の人たちに過度に偏りそうな場合（たとえば、自己主張が強い人、話しはじめると長くなってしまう人がいるなど）には、会議のテーマについてあらかじめ意見を聴いてまとめておき、会議の場で紹介して、その詳細については意見の主に説明を求める、という手があります。

❸議題の中での難所

　「議題の中での難所」については、**会議の中でモメそうな議題とやり取りを想定し、どう乗り切るかをあらかじめ考えておく**のです。
　たとえば、特定の部署や人に負担をかけることになりそうな話や、部署間でお互いの利害が相反する場合、あるいは「短期的な利益と長期的な利益のどちらを優先するか」といった議題では、特に議論が紛糾しやすいので注意が必要です。
　そのような議題についてやり取りする場合には、事前

にシミュレーションして、落としどころを想定しておいたり、メリット・デメリットを整理しておいたり、部署間での譲歩案を作っておく、可能であればキーパーソンへの根回しといった準備をしておくことで、乗り切れる確率を上げておきましょう。

　以上見てきたように、重要な会議では事前にシミュレーションをしておくことで本番での失敗のパターンを想定し、十分に備えることが有効です。

第**2**章

議論を
リアルタイムに
可視化する

01 | 議論をリアルタイムに 可視化するメリット

盛り上がるのに何も決まらない会議

　意欲の高い人たちが参加して、熱い議論を交わしたにもかかわらず、会議が終わってから冷静になって振り返ると「さっきの会議は大いに盛り上がったけれど、結局、何が決まったんだっけ？」と、首をかしげてしまうことはありませんか？

　このような状況は、一見すると会議が成功したように見える分、粛々と議題をこなしていくような盛り上がりに欠ける会議よりも、たちが悪いです。

　では、会議が盛り上がったにもかかわらず、結果を出せないのはなぜなのでしょうか？

　もちろん、「会議の目的や目標、論点が明確でない」、あるいは「目的・論点などを共有できていない」ということも多分にあります。しかし、それ以外にも「議論が

可視化されていない」ことが要因になっている場合が少なくありません。

議論をリアルタイムに
可視化・共有することが重要

　この「議論が可視化されていない」状態とは、リアルタイムで参加者全員が見える形で発言内容が共有されていない状態です。

　こう言うと、「ああ、それなら自分のところでは議事録を作成して、終了後すぐにちゃんとシェアできているから当てはまらない」とおっしゃる方もいるかもしれません。

　しかし、会議後に議事録を共有するのは「リアルタイム」という要件を満たしていないので、これに該当しません。あくまでもリアルタイムに議論を可視化・共有することが重要なのです。

　では、議論がリアルタイムに可視化されていないと、なぜ結果を出しにくいのでしょうか？

　それを読み解くキーワードは「情報量」と「論理構造」です。以下、1つずつ見ていきましょう。

会議 1 時間の情報量は 1 万 8000 〜 2 万文字程度

　まず、情報量について考えてみましょう。皆さんは、1 時間の会議・打ち合わせで発生する情報量はどれくらいだと思いますか？

　一般的に、人が聞き取りやすい速度で話したときの文字数は 1 分間に 300 文字といわれています。たとえば、1 時間ずっと話し続ければ 1 万 8000 文字になります。

　実際には、参加者が切れ目なく話し続けるということはほとんどないでしょう。途中ところどころで沈黙の時間もあるはずです。

　それでも議論が白熱する場面では、自ずと話す速度が上がります。それを考慮すると、1 時間の会議で生じる情報量は、おおむね 1 万 8000 〜 2 万文字といったところではないでしょうか。もちろん、2 時間、3 時間といった長時間の会議になると、それに応じて情報量は増えます。

　それだけ大量の情報を耳から聞くだけで漏れなく処理するのは現実的ではありません。

口頭でのやり取りだけでは大量の情報が発せられると同時に消えていってしまうので、どうしても強く印象に残った情報や、自分が興味・関心を寄せている情報だけが記憶に残り、そのほかの情報は時間の経過とともに忘れ去られてしまいます。

　そのため、もしその場で議事録をとっている人がいたら、終了後に完成した議事録を共有するのではなく、会議の最中にプロジェクターに議事録作成者のPC画面を投影し、リアルタイムに入力されている議事を全員で見ながら議論を進めるのがよいでしょう。

複雑な論理構造を可視化することで理解・共有する

　次に、論理構造について説明します。
　考え方やスキル、経験、所属などによって会議の参加者間で意見が異なるのはもちろんのことですが、その主張の論理構造が複雑な場合や、論理展開が長かったりすると、発言者以外の人が主張の論理を正確に理解するのは困難です。
　特に議論が白熱してくると、複数の人が次々に新しい

論理を投入してくるので、そのすべてを過不足なく捉えるのは至難の業です。

　さらに厄介なのは、そもそも参加者の発言自体があまり論理的でない場合です。

　そのような場合には「何となく、言わんとしていることはわかるような気がする」という程度の理解で、その場の空気でそのまま意見が採用されてしまったり、却下されたりすることがありますが、これでは会議で求められる成果を出すことはできません。

　このような場合、発言者の話の組み立て方に問題があることは言うまでもありません。しかし、それ以上に問題なのは、会議での発言について、その主張がどのような論理構造になっているかが可視化されていないため、参加者がしっかり理解できていないということです。

　そもそも複雑な論理構造や長い論理展開の話を聞いただけで理解できるのは、よほどの情報処理能力を備えている人に限定されます。たとえ、あなた自身が理解できたとしても、ほかの参加者全員が理解できなければ、会議を成功に導くのは難しいでしょう。

そのため、会議で話している人が「何について話しているのか」という「情報量」をカバーすることに加えて、その「論理構造」をその場で可視化・共有することで、その場にいる誰もが同じように、その会議で発せられる情報を正しく理解できるのです（ 図02-01 ）。

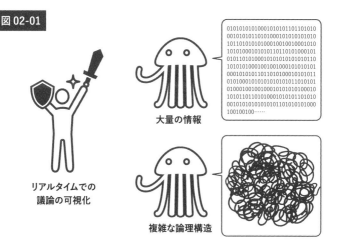

図 02-01

大量の情報

0101010101000101010110110101010
0010101011010100010101010101010
1011010101010001001001001001
1010100010101011011010101010101
0101101010001010101010101010110
1010101000100100100010101010101
0001010101101101010100010101010
0101000101010101010101011010101
0100010010010001010101010100010
1010110110100010101010110101
0101010101010101101010101000
100100100……

複雑な論理構造

リアルタイムでの
議論の可視化

02 | 論点を可視化する

「論点のズレ」とは 「解くべき問いのズレ」

「議論が盛り上がっているのはいいのだけれど、何だか話がズレている気がする……」

　会議でこのような違和感を覚えたことはありませんか？

　しかし、「せっかく盛り上がっているところに水を差すのはどうも憚られるなあ」などと、ためらっているうちに時間切れになり、結論は次回に持ち越し——こんなことはよくあるのではないでしょうか？

　もしかすると、結論に至らなかったのは、「論点のズレ」が原因だったのかもしれません。このような論点のズレをなくすためにも、会議では常に論点を可視化しておくことをおすすめします。

そもそも論点とは何でしょうか？

辞書を引いてみると「議論の中心となる問題点」などとありますが、コンサルタントの世界では**「解くべき問い」**と捉えることが多いです。ここでは後者の意味で使用します。

これを踏まえると**「論点がズレている」とは、「解くべき問いがズレている」**ということになります。

一体どういうことでしょうか？

具体例で考えてみましょう。

「商品Ａの売上が落ちている。売上を増やすにはどうしたらよいか？」

営業担当者がこのような問題について話すのはありふれた光景です。しかし、この話をする以前に、このテーマがそもそも「論点」としてふさわしいかどうかについてよく考えてみましょう。

こんなことを言うと「いやいや、売上が落ちていることは明らかに問題だから、上げるためにどうするかを考えるのは当然だろう」と反射的に意見を返してくる人がいます。

しかし、本当にそれでよいのでしょうか？

一見すると「解くべき問い」のように見えるけれど、「実はそうではない」ということは珍しくありません。

どういうことでしょうか？

以下の2つのケースで見てみましょう。

▶〈ケース1〉商品Aの売上の減少幅が予測の範囲内に収まっている場合

売上の増減に規則性が見られる商品で、その規則性で説明がつく範囲内の売上減であれば、それを問題視するのはナンセンスかもしれません。

たとえば常識的には、ビールの売上と気温の高さには正の相関関係があると考えられます。つまり、気温が上がれば売上が増えて、気温が下がれば売上が減るということです。

気温が下がったことでビールの売上が減少したのにもかかわらず、「ビールの売上が下がった」という現象だけを見て論点を設定したところで、効果的な議論にはならないことはおわかりいただけるでしょう。

ただし、これを「気温の上下にかかわらず、一定量のビールの売上を維持するためには何が必要か？」と、別

の角度から論点を設定すると、新たなビジネスチャンス
が生まれるかもしれないということを付け加えておきま
す。

▶ 〈ケース2〉商品Aの売上減少率と市場規模の縮小率が
　　同じ場合

　ライフスタイルの変化や代替製品の台頭などによっ
て、商品Aの属する市場規模が縮小している状況を考
えてみます。

　その市場の縮小ペースが商品Aの売上減少ペースと
変わらないのであれば、「商品Aの売上を上げるにはど
うしたらよいか？」ということより、もっと話すべき別
の論点があるかもしれません。

　かつてスマートフォンの登場・普及によってガラケー
はたった数年で駆逐されました。その渦中にあって、営
業会議で「うちの携帯電話（ガラケー）の売上が下がっ
てきている。売上を上げるために何をすべきか？」とい
う論点を立てて議論したらどうなるでしょうか？

　そもそも社会全体でスマートフォンへの買い替えが進
むのにともない、ガラケーの市場が縮小していく中で、
その波にあらがって自社のガラケーの売上を伸ばすこと

に執着すべきかどうかは、はなはだ疑問です。

このケースにおいては、たとえばガラケーの売上減少を「問題」としてではなく「前提」として捉えたうえで、「ガラケーに代わる収益の柱を何にするか？」とか「スマートフォンの普及によって収益を増やせる新規事業は何かないか？」といった論点を設定したほうが、はるかに有意義でしょう。

以上2つのケースを通して、論点として当たり前であるかのように思えることであっても、改めて考えてみることの重要性をご理解いただけたかと思います。
論点がズレたまま問題解決に取り組んでしまうと、問題解決のプロセスでどれだけ知恵を絞っても徒労に終わってしまいます。

そして会議では、ホワイトボードやモニター、画面共有などで論点をリアルタイムに可視化・共有して、**「そもそも論点そのものが妥当かどうか？」**、および**「議論が論点からズレていないか？」を常に意識する**ことで、議論の質とスピードを確保しましょう（次ページ 図02-02 ）。

図 02-02

そもそも論点は何か？

その論点は妥当か？

議論が論点からズレていないか？

03 | 要約を可視化する

発言を要約し、論点からの逸脱を防ぐ

　口頭だけでの議論では、たとえ明確な論点を設けていても、話が続くうちに論点から脱線したり、よけいな情報が入り込んでしまったりするものです。

　こうした脱線やノイズをそのまま議事録として文章に起こしてしまっては情報が過多になったり、話の道筋が冗長になってしまうため、議論の参加者全員が共通認識を持つことが難しくなってしまいます。

　まず次の例で、このことを確認していただきましょう。

　ある会社の会議で「営業事務の残業はなぜ発生するのか？」という論点について話しています。

　参加者のAさん、Bさん、Cさんは、それぞれ次のように意見を述べました。

【Aさん】

「そもそも仕事量が多すぎるんだよね。もともと営業担当からの受注伝票の作成依頼と商品の配送手配依頼が多いうえに、最近では新しいお客様からの仕様変更や納期変更の依頼が増えてきている。おまけにクレーム対応や営業所長からの特命のタスクといったイレギュラーな仕事がしょっちゅう発生しているから、残業しないと終わらないんだよ」

【Bさん】

「仕事量が多いのはもちろんあるけれど、それ以上に深刻なのは人手不足だよ。もともと7人で仕事を回していたところから、1人が離職して、もう1人が産休・育休に入ったものだから、残りの5人ですべての仕事を回さなければいけなくなってしまったからね。1人あたりの負荷が増えすぎて、さらに離職者が出ないか、戦々恐々としているよ」

【Cさん】

「確かに仕事量は多いし、人手不足もあるけれど、それよりDさんとEさんの2人に業務負荷が偏っていることのほうが問題じゃないかな。Dさんはベテランだから何の仕事を振ってもすぐに対応してくれるし、Eさんは

常に『どうすれば効率よくできるか』を考えて素早く対応してくれるから、ほかの営業事務が空いていても、営業担当がこの2人に仕事を頼むケースが圧倒的に多くなっている。その結果、DさんとEさんが営業事務の残業時間の平均値を引き上げてしまっている。これが本当の問題なんだ」

　さて、3人の主張を踏まえてあなたの意見をお聞かせください。
　このように問われて、3人それぞれの主張を過不足なく正確に捉えて主張を展開できるのはきっとひと握りの優秀な方に限られるはずです。
　仮にあなたがそれをできたとしても、ほかの参加者はどうでしょうか？　きっと、情報を断片的に捉えて、そこから持論を展開する人がいるのではないでしょうか。

　このような場合には、話の中で本質的に重要な部分のみを抜き出して記述する、いわゆる「要約」が有効です。「要約」には、1つの内容につき短文で表す方法と、キーワードを抽出する方法があります。
　よりシンプルなのは言うまでもなくキーワードの抽出です。議論の参加者の間で背景の理解を十分に共有できている場合に威力を発揮します。ですが、その前提がな

い場合には、誤解を招かないように短文で記述すること
をおすすめします。

　先ほどの「営業事務の残業はなぜ発生するのか？」と
いう論点に対するAさん、Bさん、Cさんの話はそれ
ぞれ次のように要約できます。

【Aさん】
・もともとの仕事量が過多
・新規顧客からの変更依頼が増加
・クレーム対応と特命タスクでイレギュラーな仕事が頻
　発

【Bさん】
・もともと7人いたのに今は5人
・仕事量は7人のときと同じ
・離職と産休・育休で人手不足
・さらなる離職者の発生が懸念される

【Cさん】
・DさんとEさんに負荷集中
・DさんとEさんの残業時間が平均値を引き上げている

以上が要約の例です（ 図02-03 ）。

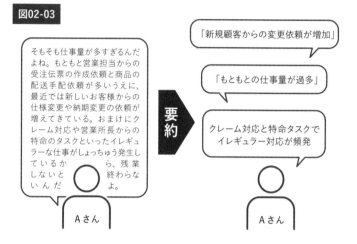

図02-03

　ここからさらに「仕事量」「変更依頼」「イレギュラー
対応」などのキーワードを抜き出して記述するのもよい
でしょう。

プレゼンツールでリアルタイムに可視化する

　会議参加者の発言内容を一言一句、漏らさずに記述するのは、そもそも高度なタイピングスキルが必要なうえ、記述する情報量が膨大になってしまいます。

　議事録としてあとから見直すのであれば、それでも差し支えないかもしれませんが、リアルタイムに参加者間で共通認識を得るのにはあまり向いていません。

　そのため、参加者の発言内容について「ひとことで表現するとどういうことなのか？」という要約を記述するのがよいでしょう。PowerPoint や Google Slide などのプレゼンテーションツールに四角形のオブジェクトを置き、そこに書き込んでいくのがおすすめです。

　その際、各々のオブジェクトのサイズを小さめにすると、自ずと書き込める量が限られて要約しやすくなります。1つのオブジェクト内に表現するのにはどうしても文字数が足りないという場合には、オブジェクトを追加してそこに追記しましょう。

04 | 分類を可視化する

意見を分類し、抜け漏れを防ぐ

　論点を可視化し、さらに要約によって不要な情報を減らせたとしても、要約した短文やキーワードの数が多すぎて雑多に配置されたままでは、有益な議論をすることはできません。

　議論が白熱して可視化した要約が20個も30個もランダムに配置されていたら、ぱっと見では理解できず、可視化する意味が薄れてしまいます。

　58〜59ページの 図02-04 の左側は、業務改善プロジェクトの会議で挙がった改善機会の意見を可視化したものです。

　それぞれの項目ごとに見ると、意見が短文に要約されているため理解はしやすいかと思います。しかし、各項目を個別に見るのではなく、ある程度まとまった単位で

全体像を把握したいといった場合には、このままでは難しいでしょう。

そこで役に立つのが分類です。

あるまとまりで意見を分類することによって、「これはいったい何についての話なのか？」がひとめでわかるようになります。もちろん、分類する作業にひと手間かかりますが、そこから先の議論において効率が上がることは間違いありません。

また、分類によって得られる効果は、議論の全体像を把握できるようになることにとどまりません。

最大のメリットは「議論の重要な抜け漏れを防ぐこと」にあります。

たとえば、図02-04 の右側では、業務改善において「業務プロセス・IT」「組織・制度」「人材・スキル」と分類しています。ここでもし「人材・スキル」の切り口での意見が出ていなかったり、乏しかったりする場合には、ファシリテーターや司会進行役の人が、それを意識した議論が出るように誘導することで重要な漏れをカバーすることが可能になります。

図 02-04

離職率の増加に
歯止めがかからない

後行程で使われない
資料を作成している

同じ情報を複数のシス
テムに入力している

資料間での転記ミス
による手戻りが多い

作業ミスの責任範囲が不
明確でカバーが遅れる

現業に追われて
社内研修の参加率が
低い

立ち上げルールの不備により
プロジェクトが乱立している

会議のための
会議が多すぎる

部署内での情報共
有ができていない

部署間でのフォーマットの相違によ
り集計に手間がかかる

仕事の成果と人事評
価に乖離がある

組織のビジョン
や目指すべき方
向性が浸透して
いない

報告資料の作成負荷
が高い

在宅勤務の部内にお
ける利用状況に差が
ある

部署が必要とする人材像や
スキルが明確に定義されていない

紙資料が多く必要な情報に
素早くアクセスできない

議論を可視化してもバラバラではわかりにくい

業務 プロセス ・ IT	報告資料の作成負荷が高い	会議のための会議が 多すぎる
	資料間での転記ミスによる 手戻りが多い	部署内での情報共有が できていない
	紙資料が多く必要な情報に 素早くアクセスできない	部署間でのフォーマットの 相違により集計に手間が かかる
	後行程で使われない資料を 作成している	同じ情報を複数の システムに入力している
組織 ・ 制度	作業ミスの責任範囲が 不明確でカバーが遅れる	在宅勤務の部内における 利用状況に差がある
	立ち上げルールの 不備によりプロジェクトが 乱立している	組織のビジョンや 目指すべき方向性が 浸透していない
人材 ・ スキル	現業に追われて 社内研修の参加率が低い	部署が必要とする人材像や スキルが明確に定義されて いない
	仕事の成果と人事評価に 乖離がある	離職率の増加に歯止めが かからない

意味のあるまとまりごとに分類すれば見やすくなる

意見をどのように
分類すればよいのか?

　それでは、会議の議論を可視化したものを、どのように分類すればよいのでしょうか?

　分類の仕方には唯一絶対の正解があるわけではありませんが、キーワードや短文による「要約」を可視化してから、「それらが何について話しているのか?」「どこの領域について話しているのか?」「いつのことを話しているのか?」など、**意味のあるまとまりごとに枠で囲んだり近づけたりすることで「分類」できます。**

　たとえば「賛成意見」と「反対意見」、「本社」と「支社」、「過去」と「現在」と「未来」などのキーワードで分類するといったイメージです。

　とはいえ、何も考えず思いつくままに分類してしまっては効果が半減してしまいます。そこで、議論を分類する際の手順をお伝えします。

①分類の目的を決める
②目的に沿った切り口を決める
③切り口に沿った分類を決める

④議論の要素を分類する

　まずは分類の目的を決めます。

　たとえば、顧客からのクレームを減らすアイデア出しをしていて、商品の品質ばかりに議論が偏っているようであれば、「議論の偏りを減らすこと」を目的とします。

　次に、その目的に沿って、「クレームを減らすうえで、品質以外に考慮すべき要素は何か？」を考えます。そして、商品を売る前のプロモーションからアフターサービスまでの一連の活動を切り口と定めます。

　続いて、その切り口をベースに広告、品質、価格、在庫、梱包、配送、アフターサービスを分類の要素とします。

　最後に、その分類の要素に合わせて議論の要素を分類する、という流れです。

　これは1つの例ですが、「どのような切り口で分類するのか？」は、その後の議論の質を左右する重要な要素です。

　会議で参加者から活発に意見が出るのは歓迎すべきことですが、それに甘んじないで、意見をうまく分類することで議論の偏りや重要な抜け漏れを防ぎましょう。

　なお先ほどは、すでに出ている意見を分類する例を示

しましたが、**会議の冒頭であらかじめ参加者に「出して**
ほしい分類」を示して、それらに合致する意見を述べて
もらうという進め方も有効です。

　最後に１つ注意点があります。
　議論を分類するのはあくまでも、「議論の質や効率を
上げるため」です。「どのように分類すべきか？」を考
えるのに過度に時間を費やすのは本末転倒です。
　もし会議中にリアルタイムで分類を設定するのが難し
いようであれば、会議前にどのような議論が出るかをシ
ミュレーションしておき、先に分類案を考えておくのも
有効でしょう。

05 | 階層を可視化する

違和感の正体は「階層のズレ」

　議論の内容を要約し、分類できたとしてもまだ何らか
の"違和感"が残ることがあります。その場合には、そ
もそも議論の階層が異なっているのかもしれません。

　たとえば、「日本では〜」「アメリカでは〜」という話
があって、他方では「ロンドンでは〜」「パリでは〜」
などの話があったとすると、国家レベルと都市レベルの
話が入り乱れているので、話にズレが生じやすくなりま
す。

　さすがにここまで露骨であれば誰でも気がつくでしょ
うが、**話が込み入ってくるとレベルのズレに気がつかず
に議論が噛み合わなくなることはよくあります。**ですか
ら、常に階層を意識・確認してそろえるように心がけま
しょう。

そもそも、階層のズレにはどのようなものがあるのでしょうか?

　ここでは、次の4つの階層を取り上げて考えてみます（ 図02-05 ）。

①空間の階層
②時間の階層
③組織の階層
④業務の階層

図 02-05

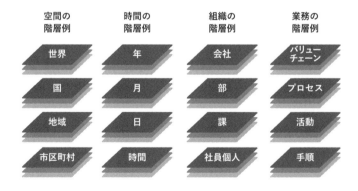

空間の 階層例	時間の 階層例	組織の 階層例	業務の 階層例
世界	年	会社	バリュー チェーン
国	月	部	プロセス
地域	日	課	活動
市区町村	時間	社員個人	手順

① 空間の階層

まずは空間の階層です。

これは先ほどのような地理的な階層を含みます。

たとえば、「最近は景気がいいですね！」という話1つをとってみても、それは世界全体の話なのか、日本全体の話なのか、あるいは関東なのか、東京なのかといった階層が、相手の認識と異なれば、議論が噛み合わなくなることは避けられません。

② 時間の階層

2つ目は時間の階層です。

これは言い換えると、「話の前提がどれだけの時間あるいは期間を想定しているか？」ということです。

たとえば、社長から「業務のDX化を推進せよ」と指示を受けた人が反射的に「ちょっと待ってください。これから年度末にかけて社員は忙しくなるので、うちの部署でDX化を進めるだけの余力がありません！」と反対意見を出すようなケースがあったとします。

反発した社員は頭の中で「3カ月くらいの期間内でDX化を進めろということだろう」と想定しており、一方社長は「少なくとも2年はかかるだろうな」と想定し

ていたとします。この場合、社員の反対意見は的を射ていないということになります。

》③組織の階層

3つ目は組織の階層です。

これは全社的な話なのか、あるいは部の話なのか、課やチームの話なのか、といった階層を想定しています。

たとえば、役員や本部長クラスが集まる会議において、誰かが「コロナ禍でテレワークの制度を導入したものの、それによって社員の生産性が落ちているようだ。全社的にテレワークは廃止したほうがよいのではないか」と意見を出したとします。

この意見については、テレワークで生産性が落ちているのが全社規模で起こっているのであれば、会社全体でのテレワーク廃止を含めた、何かしらの対応が必要というのは妥当かもしれません。しかし、ある特定の課や数人の社員の話であれば、役員が集まるような場で話すような内容ではないでしょう。

》④業務の階層

4つ目は業務の階層です。

これは購買物流、製造、出荷物流、販売・マーケティングといったバリューチェーンのレベルか、引合、見積、受注といった個別の活動レベルかといった階層です。

たとえば、営業部の会議で「顧客への見積の提出に時間がかかりすぎている。見積書のフォーマットから見直すべきではないか」という意見が出たとします。

しかし、実際には見積書の作成作業ではなく、見積に必要な情報を工場に問い合わせて、その回答が返ってくるのに時間がかかっていたのが原因だったとします。

そうであれば、いったんは検討する業務の階層を上げて、どこにボトルネックがあるかを探りましょう。

ここで挙げた4つの階層のほかにも、あらゆる議論において階層は存在します。

会議冒頭から些末な問題にとらわれないように、「今の議論がどの階層を前提にしているのか？」「そもそもどの階層から議論すべきか？」を意識して進めましょう。

基本的には、**最初から低い階層の議論をするよりも、上位の階層から問題の所在や影響範囲を捉えたうえで、徐々に下の階層に議論をシフトしていくほうが効果的・効率的に議論できます。**

そのためにも、議論の階層を事前にきちんと可視化して、「今の議論はどの階層のことなのか？」ということを参加者同士で共有しながら進めましょう。

06 | 関連を可視化する

議論のつながりを見失わないために

　会議が長引いてくると、現在話していることが会議の冒頭での話からどのようにつながっているのかが追えなくなってしまうことがよくあります。

　また、議論の内容があまりに込み入ってくると、論理的なつながりが複雑になり、理解が追いつかなくなる人が出てくることも避けられません。

　そのような事態を避けるには、議論の関連を可視化するのが有効です。

　では、議論の関連とは何でしょうか？

　ひとくちに「関連」と言ってもさまざまなものがあります。詳しくは後述しますが、関連には「Aの次にBをやる」「AからBに移動する」「AならばB」「Aの反対がB」などといったものが含まれます。

このような議論の要素間の関連を直線や曲線、矢印などで表現することで、要素間の関連がひと目で把握できるようになります。その威力を実感していただくために、まず、ある会議での議論を簡潔に文章に起こしたものを読んでみてください。

　弊社では、その成り立ちに関する歴史的経緯により上意下達の文化が形成されています。そのため上司からの指示は絶対で、その失敗は組織的に許されていません。

　また、以前はインフラに関連する事業を行なっていた経緯から、安全と安定が最優先され、新しい取り組みへの抵抗感が組織全体に根強く残っています。そのため、本取り組みを成功させるにはまず、経営陣の反発を回避することが最優先事項です。

　また、組織レベルで失敗を許容する心理的安全性を確保することも肝要です。

　これらを踏まえ、本取り組みでは最初から大規模に正面から突っ込んで展開するよりは、少ない人数でゲリラ的に展開することが必要です。

さらには、失敗や批判を恐れて意見を出さない人が多くなることが予見されるので、意見を出しやすい雰囲気を作るためのファシリテーションも欠かせません。

　さらに、日本では人口減少による競合他社との競争激化とコロナ禍によるビジネス客の減少により、何もせずに手をこまねいていれば売上の減少は避けられないため、環境の変化に適応しなければなりません。

　そして新しい取り組みには、社員が既存の枠にとらわれない創造性を発揮することと、自分自身の頭で考えて行動する積極性が求められます。

　そのため、前提を置かずにゼロベースでの意見出しや、従来のような堅苦しい会議の形式に代わる全員参加型のワークショップが有効です。

　最後に、入国制限の緩和により今後は海外顧客の増加が見込まれることから、それを絶好の機会と捉えるためにも、効果は小さくてもよいので期間や人数、工数を最小限に絞り、まずは短期間で素早く成果を上げるスモールスタートを提案します。

さて、この文章を読んで、頭の中で要素の論理的なつながりが可視化されたでしょうか？

　自信をもって「私はできている」という方は相当な能力とセンスの持ち主です。しかし、会議は自分1人で行なうものではありません。ほかの参加者も含めて「自分とまったく同じように理解している」と言い切れるかというと、難しいのではないでしょうか？

　また、その会議の数日後に改めて議論の内容を思い出そうとしたときに、会議の議事録やメモを読んで、議論の関連を頭の中で再構築するには、それなりの時間と手間がかかるのではないでしょうか？

　そこで役に立つのが議論の関連の可視化です。

　72〜73ページの 図02-06 をご覧ください。

　これは先ほどの議論から重要な要素を抜き出して、その関連を図式化したものです。各要素の関連が矢印で表されており、ぱっと見るだけで議論の全体像を把握できるようになっています。

図 02-06

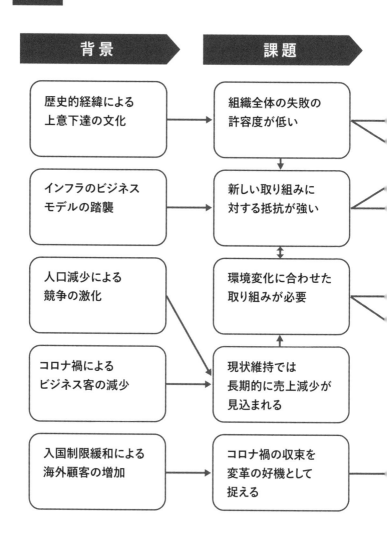

背 景	課 題
歴史的経緯による上意下達の文化	組織全体の失敗の許容度が低い
インフラのビジネスモデルの踏襲	新しい取り組みに対する抵抗が強い
人口減少による競争の激化	環境変化に合わせた取り組みが必要
コロナ禍によるビジネス客の減少	現状維持では長期的に売上減少が見込まれる
入国制限緩和による海外顧客の増加	コロナ禍の収束を変革の好機として捉える

課題解決のポイント	ご提案
経営陣の反発を回避する工夫	大規模正面作戦ではなく少数精鋭によるゲリラ戦
失敗を許容する心理的安全性の確保	場の雰囲気を盛り上げるファシリテーション
環境の変化に適応する創造性の発揮	制約を無視したゼロベースでの意見出し
自ら考えて行動する積極性の発揮	ワークショップによる参加型アプローチ
短期間で小さくてもよいので何かしら成果を出す	期間・人数・工数を絞ったスモールスタート

関連を可視化する方法

　さっそく関連の可視化の方法を説明します。

　まず PowerPoint や Google Slide などのツールで、長方形などのオブジェクトを置いて議論の要約（短文やキーワード）をオブジェクトの中に書き出します。

　次に、関連しそうなオブジェクト間に矢印を引きます。複数の矢印が交錯するなど、散らかってきたら見やすくなるようにオブジェクトの位置を調整します。

　最後に、可能であれば特定の位置にあるオブジェクトごとに見出しや分類を追記して完成です。

　もちろん、いったん完成させたからといって、それで終わりではありません。追加の議論を受けて、柔軟に追記や修正をしましょう。

論理的な関連のパターン

　なお、論理的な関連にはさまざまなパターンがあります。

　たとえば、**手順などの順序（A が終わったら B に取りかかる）**、ものごとの原因と結果を示す因果関係（A

によってＢが発生する）、対比（ＡよりＢが大きい）な
どです。

　短文やキーワードの記述の間にある、こうした関連性
を示すことで、議論の全体観を見失わずに精緻な議論が
できるようになり、「何が真に解くべき問題なのか？」「ど
こに注目すべきなのか？」といった本質的なことに目を
向けやすくなります。

第3章

フレームワークを使って議論をコントロールする

01 | 議論をコントロールするための 3つのポイント

なぜ話が長引いてしまうのか?

「会議がいつも時間通りに終わらず、長引いてしまいます」

　これまで私は多くの組織で、こうした悩みの声を聞いてきました。会議が毎回長引くようであれば、まずは「会議の目的や目標、進め方、論点が定まっていないのではないか?」「参加者の間で目的を共有できていないのではないか?」などと、疑ってみましょう。

　もし、それらに問題がないようであれば、議論の仕方を見直すことが有効かもしれません。

　会議の目的や目標、論点が明確になっていても、議論が滞ったり散らかって収拾がつかなくなったりして長引いてしまうケースはよく見かけます。

目的を共有できても
話が噛み合わないケース

　ここで、ある企業での議論を見てみましょう。

　この企業では営業部や商品開発部などの部門横断で会議を開き、「自社の売上を伸ばす打ち手を策定する」というテーマで議論しています。

　会議中に、参加者から次のような意見が出てきました。

【Aさん】
「競合他社が価格を引き上げている今こそ、うちはあえて商品の価格を下げて販売数量を増やしましょう」

【Bさん】
「すでに商品を使っていただいているお客様に、顧客体験を向上させる月額課金でのサービスを作って提案するのはどうでしょうか？」

【Cさん】
「これまで取引がなかった新規顧客への営業活動を増やしましょう。ターゲットリストを見直して、アポ取りに注力します」

【Dさん】
「ターゲット層の人口減少の流れは止められないので、新しい顧客層の需要を捉えるような新商品の開発を始めるべきではないでしょうか？」

いかがでしょうか？
確かに、全員が「自社の売上を伸ばす打ち手を策定する」という会議の目的に沿って意見を出してはいますが、各人が好き勝手に意見を言っているだけです。これでは収拾がつきません。

Aさんは、価格競争で競合他社に勝つことで販売数量を増やそうとしています。
Bさんは、新サービスの投入で新たに売上を作ろうとしています。
Cさんは、新規顧客の開拓による顧客数の増加を目指そうとしています。
Dさんは、これまでとは異なる顧客層に新商品を売ることを提言しています。

会議にフレームワークを導入する

　それぞれの意見にまったくまとまりがないため、このままでは建設的な議論にはならないでしょう。でも安心してください。このようなときに威力を発揮するのがフレームワークです。

　フレームワークは問題解決や戦略立案、ロジカルシンキングなどを語る文脈で紹介されることが多いので、「なぜここでフレームワークなの？」と疑問を持たれる方もいるでしょう。

　しかし、フレームワークの用途をそれらに限定しなければならないというルールはありません。それどころか複数人で議論するときにこそ、フレームワークを使うメリットを最大限に活かせるといっても過言ではありません。

アンゾフの成長マトリクス

　先ほどの「自社の売上を伸ばす打ち手を策定する」というテーマであれば、事業の成長戦略に使われる「アンゾフの成長マトリクス」というフレームワークで方針を

決めて、それから方針に従った打ち手を出すほうが効果的・効率的に議論できます。

　「アンゾフの成長マトリクス」は、「市場」と「製品」という2軸のマトリクスで構成され、「市場」は「既存の市場」と「新規の市場」、「製品」は「既存の製品」と「新規の製品」に分けられます。

　そうしてできた2×2のマトリクスの中で、どこを狙っていくのかを考えます（ 図03-01 ）。

図 03-01

アンゾフの成長マトリクス

	既存製品	新規製品
新規市場	新市場開拓	多角化
既存市場	市場浸透	新製品開発

① 既存市場×既存製品（市場浸透戦略）

これまで通りの市場（既存顧客）に、これまで通りの製品やサービスを売ることで売上高を伸ばす戦略です。

マーケティングのやり方を工夫して顧客の購買意欲を高めたり、業界内の競合他社との差別化ポイントを訴求するなどといったことです。

先ほどのケースでいえば、Aさんの意見（値下げによるシェア拡大）はこれに該当します。

② 新規市場×既存製品（新市場開拓戦略）

新しい市場（新規顧客）に、これまで通りの製品やサービスを売る戦略です。

既存顧客とは異なるエリアや年齢、性別、趣向などの異なる属性を新たにターゲットとして見立てて、攻略することを目指します。

先ほどのケースでは、Cさんの意見（新規顧客開拓）が該当します。

③ 既存市場×新規製品（新製品開発戦略）

これまで通りの市場（既存顧客）に、新しい製品やサ

ービスを売る戦略です。

　既存の顧客ニーズの中で、まだ満たされていないもの
を見つけ、それに対応する製品を開発したり、競合他社
との差別化を追求するサービスを展開したりといったこ
とが挙げられます。

　先ほどのケースでは、Bさんの意見（新サービスの投
入）が該当します。

④新規市場×新規製品（多角化戦略）

　これまでとは異なる市場（顧客）に、新しい製品やサ
ービスを売る戦略です。

　たとえば、これまで国内市場をターゲットにして製品
を売ってきた企業がまったく新しい製品を開発して海外
市場に展開をするのは多角化戦略といえます。

　先ほどのケースではDさんが提言した、新しい顧客
をターゲットにした新商品の開発がこの戦略に該当しま
す。

　ただし、この多角化戦略は市場と製品の両軸で経験値
が不足しているケースが多いので、リスクが高いという
点に留意する必要があります。

フレームワークの落とし穴

　さて、これまで議論をリードする際に「アンゾフの成長マトリクス」というフレームワークを用いて方針を立てて、それを出発点に議論を進めるというやり方をお伝えしました。

　フレームワークはうまく使うと議論の流れをスムーズにできます。ただし、その一方で「フレームワークありき」で会議を進めてしまうと、かえってドツボにはまってしまうことがあります。

　理由は次の通りです。

・一般的なフレームワークを使ってみたものの、自社の事業やそのときの状況に当てはまらないことが多い
・フレームワークの各要素を埋めたものの、どう話を進めていいのかわからず、議論が止まってしまう
・議論に適切なフレームワークをどう選べばいいのかわからない

　フレームワークありきで考えてしまうと、このようなトラブルに見舞われてしまいます。

　確かに、フレームワークは使い方次第では強力なツー

ルとして機能します。とはいえ、何でも解決できる万能ツールではありません。フレームワークを使えば自動的に問題の原因を特定できたり解決できたりするというわけではありません。くれぐれもご注意ください。

フレームワーク活用のポイントは「集中」「拡散」「整理」

　会議でフレームワークを使うのであれば、「何のために使うのか？」と、目的を事前に定めておくことが肝要です。

　ここから先は、議論をコントロールして会議の生産性を上げるためのフレームワークの効果的な使い方をお伝えします。そのためのキーワードは「集中」「拡散」「整理」の３つです。

　では、これら３つのキーワードごとにフレームワークを使っていかに会議を効率化できるか。次のコーナーから、具体的な方法を見ていきましょう。

02 | 議論を集中させる

収拾がつかなくなってしまうのはなぜ？

　会議で議論をしていると、話があちこちに飛んで収拾がつかなくなってしまうことはありませんか？

　あまりに話が広がりすぎると、本来討議すべき議題から逸れてしまい、本題に戻ろうとしたときにはタイムアップ、ということは珍しくありません。

　もちろん、参加者がお互い自由闊達に意見を言い合うこと自体を否定するわけではありません。ですが、会議の中で議論が散らかってしまうのはそれとは別です。

　参加者が自分の考えをそれぞれ思いのままに発言するだけであれば、それは双方向のコミュニケーションではありません。単に、一方的に意見を言い合っているにすぎません。そのような状態では会議の生産性は上がりません。

一方通行の発言が続くだけの会議

　ここで、とある企業の会議で経営陣が自社の経営戦略について話し合っている様子を見てみましょう。会議室には社長と3名の役員が集まっています。

【社長】
「今日、皆さんに集まってもらったのは、会社の生き残りをかけて経営戦略を練り直すことが目的です。直近の生成AIの爆発的な普及や人手不足の深刻化、円安の進行、地政学的なリスクの増大など、会社を取り巻く環境は激しく変化しています。このような環境の変化は自社の弱みと組み合わさって脅威になる部分もあれば、自社の強みを活かす好機と捉えてビジネスの成長に活かすこともできるはずです。わが社にとってどのような選択肢があり得るのか？　そして、その中から最善と考えられるものは何かについて議論しましょう」

【商品企画担当役員】
「そうですね、まず気になるのは顧客のライフスタイルの変化ですね。特にシェアリングエコノミーの台頭で、新しくモノを買うよりも一時的に借りることを選ぶ消費

者が増えていることは気になりますし、遅かれ早かれわが社もそこに適応する必要があると考えます。競合他社ではデザイン性を売りにしたハイブランド化へと舵を切りましたが、うちではシェアリングに抵抗感が少ない若者をターゲットにした新しいライフスタイルを価値訴求することで差別化を図るべきでしょう」

【営業担当役員】
「需要の変化に応じて訴求価値を変化させるのはナシではないと思います。しかし、それ以上に早急に手を打つべきは商品の訴求価値の見直しに加え、高コスト体質にメスを入れて原価を下げ、価格競争力をつけることです。赤字の解消とキャッシュフローの改善に取り組みつつ、競合のシェアを奪います。それが達成できたら次に、これまでよりも広範囲での販売チャネルの開拓と拡充、そして SNS をフル活用した販売促進に取り組むのがよいのではないかと思います」

【経営企画担当役員】
「キャッシュフローの改善は"焦眉の急"を要することなので私も賛成です。しかし、それはあくまでも短期での話です。本会議の趣旨を考慮すると、もっと長期的な視点で物事を捉えなければならないのではないでしょう

か？　今、うちの業界では異業種からの新規参入が増えて明らかに供給過多になっています。今はまだ持ちこたえているものの、今後シェアが低下していくことは避けられません。その一方で仕入先からは値上げの要望が増えつつあります。そのため長期的には、これまでの業界におけるポジションから考え直すのが得策でしょう」

　さて、ここまで読んでいかがだったでしょうか？
　登場人物はどの人も最初に相手の話について軽く触れているので、一見すると双方向で議論が成り立っているように思えるかもしれません。
　しかし、そのあとの発言内容をよく見てみると、それぞれがまったく異なることを好き勝手に話していることに気がつかれたでしょうか？

　このような「一見すると双方向で議論できているように見えつつも、実は一方通行の発言が続いているだけ」という会議はその性質上、参加者がそのことに気がつきにくいため、とてもタチが悪いです。

フレームワークで議論を集中させる

しかし、ご安心ください。

こんなときに役に立つのがフレームワークです。そもそも一方通行になってしまうのは、議論があまりにもまとまりなく散らかってしまっているためです。

そのため<u>フレームワークを提示し、その枠の内側で議論するよう誘導できれば、双方向で議論できるレベルまで集中することが可能です。</u>

ここで、先ほどのケースについて、各人の発言を振り返ってみましょう。

社長は大きく2つの観点で語っています。

それは「マクロ環境」と「社外の機会・脅威と自社の強み・弱み」です。社長は、これらを考慮して経営戦略を検討しようと提案しています。

商品企画担当役員は競争上の優位性を作る観点から、「市場・競合・自社」の切り口で主張を展開しています。

営業担当役員はマーケティングの観点から、「商品・価格・流通・プロモーション」の切り口で持論を話しています。

経営企画担当役員は自社の属する業界の収益性と将来性の観点から考えを述べています。

つまり、各人が異なる観点から主張を展開しています。

1人1人の話をこれくらいまで簡素化してしまえばわかりやすいのですが、会議で議論している最中にリアルタイムにこれを行なうのはかなり困難です。

そのため、このケースにおいては4人のうちの誰かの観点を主軸にし、そこに集中して議論を展開するのがよいでしょう。そして議論の展開に応じて次の観点へと移っていきます。

「PEST分析」でマクロ環境を分析する

それでは、このケースの場合で考えてみましょう。

まずは社長の話を受けて「マクロ環境」にフォーカスして議論を展開します。

そこで使えるのが、企業が外部環境であるマクロ環境を評価するために使用する「PEST分析」です。

PESTは「Politics（政治的要因）」「Economics（経済的要因）」「Society（社会的要因）」「Technology（技術的要因）」の頭文字を取ったものです。それぞれの要素を詳しく見ていきましょう。

Politics（政治的要因）

　政治的要因には、政府の政策、法律、税制、貿易制限、労働法などの変化が含まれます。これらの要因は、ビジネスの規制や機会に影響を及ぼすことがあります。

Economics（経済的要因）

　経済的要因には、経済成長、利子率、為替動向、インフレ率などが含まれます。これらの要因は、企業の購買力や投資の意欲に影響を与え、経済全体の健全性を反映します。

Society（社会的要因）

　社会的要因には、人口統計、教育水準、文化の傾向、ライフスタイルの変化などが含まれます。これらの要因は、市場のニーズや企業の製品・サービスの需要に影響を及ぼすことがあります。

Technology（技術的要因）

　技術的要因には、技術革新、研究開発活動、技術の普

及率、オートメーションなどが含まれます。これらの要因は、製品開発、プロセスの改善、市場競争における新しい機会を生み出すことがあります。

この4つの要素を使って自社を取り巻く環境変化を多角的に捉えます。さらに、それらの要素が自社にとっての好機か脅威のいずれになるかを評価し、それらを自社の強み・弱みと組み合わせて「どう対応すべきか？」を考えます。

「SWOT分析」で戦略を考える

機会（好機）・脅威、強み・弱みを組み合わせて考える際に使えるフレームワークが「SWOT分析」です。SWOT分析は、企業やプロジェクトの戦略立案に広く用いられます。

SWOTは「Strengths（強み）」「Weaknesses（弱み）」「Opportunities（機会）」「Threats（脅威）」の頭文字を取ったものです。

この4つの要素を詳細に分析することで、自社の現在の状況を理解し、将来の戦略を立てるのに役立ちます。それぞれの要素を詳しく見ていきましょう。

Strengths（強み）

　自社が持つ内部の強みを指します。これには、独自の技術、専門知識、強力なブランド、顧客との関係、特許や知的財産、効率的な生産プロセスなどが含まれることがあります。

　強みは組織が競争上の優位性を得るための基盤となります。

Weaknesses（弱み）

　自社の弱点を指します。これには、資源の不足、不十分な研究開発、凡庸なブランドイメージ、内部コミュニケーションの問題、脆弱な財務基盤などが含まれます。

　弱点を認識し、それらを改善することが重要です。

Opportunities（機会）

　外部環境に存在する、自社が利用できる機会を指します。市場の拡大、規制の変化、技術革新、人口動態の変化などが機会を提供することがあります。

　これらの機会を捉えることで、組織は成長や拡大を図ることができます。

❯ Threats（脅威）

　自社が直面している外部からの脅威を指します。これには、競合他社の戦略、市場の縮小、自社にとって不利な規制変更、地政学リスクなどが含まれます。

　脅威を特定し、それに対処する戦略を立てることが重要です。

　SWOT分析は、組織の現在の状態を理解し、未来の方向性を決めるための有効なフレームワークです。組織の内部環境（強み・弱み）と外部環境（機会・脅威）の双方から分析することで、より戦略的な意思決定が可能になります。

　この分析を通じて、組織は自らのポジションを強化し、市場での競争力を高めるための行動計画を策定することができます。

　先ほどのケースでいえば、先にPEST分析を用いて業界を取り巻く外部環境を4つの観点から洗い出し、それをSWOT分析の機会と脅威に分類します。

　その一方で、内部環境に目を向けて自社の強み・弱みを抽出し、先に出した機会・脅威とかけ合わせて「どのように機会を活かすのか？」、もしくは「どのよ

うに脅威を回避するのか？」といった戦略を立てます（ 図03-02a 、次ページ 図03-02b 、100ページ 図03-02c ）。

図 03-02a

PEST分析で業界を取り巻く
マクロ環境の変化を捉える

自社の強み・弱みを記述し、マク
ロ環境の変化を評価して機会・脅
威に分類する

Strengths（強み）	Weaknesses（弱み）
Opportunities（機会）	Threats（脅威）

強み・弱みと機会・脅威を掛け合わせて戦略を立てる

	Opportunities（機会）	Threats（脅威）
Strengths（強み）	強みを活かす戦略	脅威を転換する戦略
Weakness（弱み）	弱みを打ち消す戦略	脅威を回避する戦略

　このように、フレームワークを用いることで「何をどのような順番で話すべきか」を定義し、そこに議論を集中させることができます。
　会議の参加者が好き勝手に発言して収拾がつかない場合には、ぜひ試してみてください。

図 03-02b

PEST分析とSWOT分析の活用例（飲食業での議論）

Politics（政治）	・最低賃金の変更 ・プラスチック資源循環促進法の施行
Economics（経済）	・物流費と人件費の高騰 ・為替の変動
Society（社会）	・健康志向の高まり ・タイムパフォーマンスの重視
Technology（技術）	・AI技術開発の加速 ・モバイル決済の普及

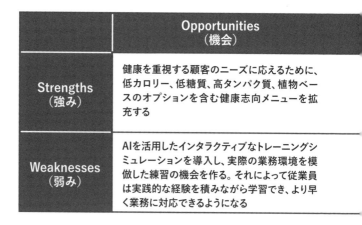

	Opportunities （機会）
Strengths （強み）	健康を重視する顧客のニーズに応えるために、低カロリー、低糖質、高タンパク質、植物ベースのオプションを含む健康志向メニューを拡充する
Weaknesses （弱み）	AIを活用したインタラクティブなトレーニングシミュレーションを導入し、実際の業務環境を模倣した練習の機会を作る。それによって従業員は実践的な経験を積みながら学習でき、より早く業務に対応できるようになる

Strengths（強み）	Weaknesses（弱み）
・世界的なブランド力 ・高い顧客ロイヤリティー ・イノベーションへの積極性	・高い人件費 ・育成にかかる期間の長さ

Opportunities（機会）	Threats（脅威）
・健康志向の高まり ・AI技術開発の加速 ・モバイル決済の普及	・物流費と人件費の高騰 ・タイムパフォーマンスの重視

Threats （脅威）
ロイヤルカスタマー向けに、店舗内やドライブスルーでの優先サービスを提供する。専用のオーダーレーンやピックアップカウンターを設けることで、待ち時間を短縮し、顧客のタイムパフォーマンスを向上させる
物流費の高騰に対処するために、サプライチェーンの効率化とリスク分散を図る。ローカルサプライヤーとの連携強化や複数の供給源の確保により、コスト増加の影響を軽減する

図 03-02c

PEST 分析と SWOT 分析の活用例 (製造業での議論)

Politics（政治）	・排出ガス規制の強化 ・EV車への税制優遇措置
Economics（経済）	・新興市場の所得水準の向上 ・為替の変動
Society（社会）	・消費者の環境意識の高まり ・人口の高齢化
Technology（技術）	・自動運転技術の進化 ・IoTの浸透

	Opportunities （機会）
Strengths （強み）	新興市場における車の購入をさらに手軽にするため、独自のファイナンスプログラムや購入支援プログラムを強化する
Weaknesses （弱み）	北米市場への依存度を減らすため、新興市場での現地生産能力を強化し、サプライチェーンを最適化する。これにより輸送コストを削減し、地域内での生産と消費のサイクルを確立して市場リスクの分散を図る

Strengths（強み）	Weaknesses（弱み）
・世界的なブランド力 ・多様な製品ラインナップ ・技術開発の知見	・EV市場への参入の遅れ ・北米市場への依存度の高さ

Opportunities（機会）	Threats（脅威）
・新興市場の所得水準の向上 ・自動運転技術の進化 ・IoTの浸透	・排出ガス規制の強化 ・EV車への税制優遇措置 ・人口の高齢化

Threats （脅威）
高齢者が自立した生活を送ることを支援するために、シニア向けのモビリティサービスを提供する。高齢者が容易にアクセスできる乗り合いサービスなど
EV市場でのポジション強化のためにバッテリーメーカーや充電設備提供企業との戦略的パートナーシップを構築する。これらの連携により技術開発の加速、コスト削減、市場への迅速なアクセスが可能となる

03 | 議論を拡散させる

良いアイデアがなかなか出ない理由

「前例や常識にとらわれず、幅広く議論をしてアイデア
を出してほしい」

　上司から、このような指示を受けたことはありません
か？

　しかし、いくら考えてみても、長年の経験によって染
みついた考え方からは離れられず、特にこれといったア
イデアが思い浮かばなかったり、あまりに荒唐無稽なア
イデアしか出なかったりする場合がほとんどでしょう。

　特に長年にわたって同じ組織で同じ業務に従事してい
るベテランであればなおさら、これまでの常識を覆すよ
うなアイデアを出すのは難しくなるのが普通です。

　まだ社会や会社の常識に染まる前の新入社員のほう
が、中堅以上の社員では思いつかなかったようなアイデ

アを出せるのではないでしょうか。

　だからと言って、アイデア出しをすべて新入社員に丸投げすればよいかというと、それはそれで無理があります。まだ業界や会社、業務のことをあまり知らないがゆえに、確かに斬新ではあるものの的外れなアイデアしか出ないことのほうが多いでしょう。

　本来であれば、ベテランから斬新なアイデアを引き出すことができるのがベストです。
　前節では議論を集中させるためにフレームワークが使えることをお伝えしましたが、今度はフレームワークを使って議論を拡散させる方法を、具体例を交えて見ていきましょう。

QCDフレームワークで議論を拡散させる

　ある会社で業務改善プロジェクトが立ち上がりました。
　しかし、プロジェクトの会議で議論されるのはいつも納期遵守率を上げるための打ち手についてばかりです。

確かに、納期遵守は会社にとって極めて重要ですが、そ
れ以外にも考えるべきことがあるのではないか、とプロ
ジェクトメンバーの１人が考えています。

　そしてこのメンバーは、製造業などでよく使われる
QCD フレームワークで議論を拡散させることを思いつ
きました。

　**QCD フレームワークは「Quality（品質）」「Cost（コ
スト）」「Delivery（納期）」の３つの要素で構成されて
います。**

　このフレームワークは、製品やサービスを市場に提供
する際に、これら３つの重要な側面をバランス良く管理
することを目指して使用されます。

　各要素について詳しく説明します。

≫ Quality（品質）

　品質は製品やサービスが満たすべき基準や顧客の期待
を指します。これには製品の耐久性、信頼性、機能性、
顧客満足度、安全性などが含まれます。

　高品質の製品やサービスは顧客の信頼を獲得し、ブラ
ンドの評価を向上させます。

Cost（コスト）

コストは製品やサービスの生産、運営、流通などにかかわる総費用を指します。目標は製造コストの削減、効率的な運営、価格競争力の維持などです。

コスト管理は、利益率の向上や市場競争力の強化に直接的に寄与します。

Delivery（納期）

納期は製品が製造され、最終顧客に届けられるまでの時間を指します。迅速かつ正確な納期の遵守は、顧客満足度の向上やサプライチェーン効率化などの重要な要素です。

製品の供給遅延は、顧客の信頼を損ない、機会損失につながる可能性があります。

QCDフレームワークを使うことで、会議参加者の注意を品質やコストにも向けさせて、納期遵守に偏っていた議論の幅を広げることが可能です。

しかし、QCDフレームワークを使用することによる効果はそれだけにとどまりません。品質、コスト、納期の相互作用について考えるきっかけを与えてくれます。

品質、コスト、納期を
相互の補完関係として考える

　一般的には、品質とコストと納期は、どれか1つの要素を改善しようとすると別の要素を犠牲にしなければならない「トレードオフ」の関係性にあると捉えられています。

　しかし、特に業務改善の文脈においては、これらの要素が相互に補完関係にあると考え、改善機会を探ることが重要です（次ページ 図03-03 ）。

　この考え方について次の3つのパターンで説明します。

①品質向上→コスト低減、納期短縮
②コスト低減→品質向上、納期短縮
③納期短縮→品質向上、コスト低減

「そんな都合の良いことがあるものか！」と思われる方もいるかもしれませんが、1つずつ見ていきましょう。

図 03-03

一般的にはトレードオフと捉えられるQCDの関係を使って
相乗効果を発揮する方法を考える

① 品質向上→コスト低減、納期短縮

　品質の向上を、ここでは業務上のミスを減らすことと
捉えます。

　ミスが発生すると、ミスのリカバリーや迷惑をかけた
顧客や部署への謝罪、再発防止策の追加などで余分な工
数がかかります。これはすなわち、業務コストの増加を
意味します。また、ミスをリカバリーするためのリード
タイムが追加でかかるため、納期が延びる恐れがありま
す。

　これらを踏まえると、ミスを減らして業務品質を向上

させることはコスト低減と納期短縮につながると言える
でしょう。

　業務改善プロジェクトのケースにおいては、「品質」
というと、ついつい最終アウトプットの品質に目がいき
がちですが、それに加えてQCDのフレームワークを使
ってコストや納期にも影響する作業途中の品質にも議論
を広げるとよいでしょう。
　その際には現状の業務プロセスを分析し、手戻りによ
って工数の増加や納期を延ばしている作業を特定し、手
戻りの原因となっているミスを特定します。
　また、ダブルチェックや資料間の情報の突き合わせな
ど、ミス発生を抑制するために行なっている業務があれ
ば、そもそも情報の転記が発生しないような仕組みにす
ることで業務自体をなくせるはずなので、そこも改善対
象にならないかを検討しましょう。

❯ ②コスト低減→品質向上、納期短縮

　ここでは、コストを業務の工数と捉えます。
　人が行なう作業にはミスはつきものです。人的ミスが
一定確率で発生することを考慮すると、工数が多くなれ
ばなるほどミスが増える、すなわち業務プロセスを最初

から最後までトータルで見た際に業務品質が低下することを意味します。

また、工数が増えれば当然、納期も比例して延びます。

これらを踏まえると、工数を減らしてコストを低減させることは品質の向上と納期短縮につながります。

一般的に業務改善プロジェクトにおいては「コスト」というと非効率な作業をピンポイントで特定し、それを改善することが多いように見受けます。

しかし、QCDの観点を踏まえると、単にそれだけにはとどまらずに業務プロセスを全体像で見て、いかに工数を減らすか、言い換えると作業ステップを減らすか、という視点でも改善案を検討することができます。作業ステップが減ればミスの発生確率が減り、同時に納期も短縮できます。

「コスト」単体に議論が集中している場合には、QCDのフレームワークで「品質」と「納期」への波及効果も踏まえた議論へと導きましょう。

▷③納期短縮→品質向上、コスト低減

納期が長くなれば、それだけ作業途中のもの（仕掛り）が増えて、その分だけ進捗の管理工数がよけいにかかり

ます。

　また、納期が長くなればなるほど、途中で変更がかかったりイレギュラーが発生したりする確率も上がり、それへの対応も増えます。

　そして作業途中の仕掛品が増えると、その分だけ注意が分散することになりミスが増える、つまり品質の低下を招きます。それは裏を返せば、納期を短縮できれば品質向上とコスト低減を両方とも実現できるということです。

　業務改善プロジェクトにおいて、「納期短縮」を議論する際に作業する人を増やしたり、ある程度の業務品質の低下を容認するといったトレードオフがセットで話されることがあります。

　しかし、QCDフレームワークを用いて3要素間の相互作用を踏まえて考えることで、納期短縮をコスト低減と品質向上につなげるにはどうすべきかを考えるほうが建設的な議論ができるはずです。

　納期短縮によって仕掛りの案件数を減らし、それによって管理工数も削減します。また、それと同時に対応する案件数の削減により作業切り替えの頻度を下げてミスの発生を抑止します。

　QCDフレームワークを提示して、「納期」に集中して

いる議論を「コスト」と「品質」の改善にも波及するように誘導しましょう。

フレームワークを使って 広範囲に目を向ける

ここまで見てきたように、QCD フレームワークを使うことで、納期や品質、コストといった個別の要素に偏った議論をほかの要素に広げるとともに、それらの相乗効果を実現するロジックを可視化し、その実現方法を考えるきっかけを与えることができます（次ページ 図03-03a 、114 ページ 図03-03b ）。

このコーナーでは QCD フレームワークを例にお話ししましたが、このような考え方はほかのフレームワークにも適用できます。

議論が一部の要素に偏っている場合には、フレームワークを使ってもっと広範囲に目を向けさせることが可能です。その際、フレームワークを構成するほかの要素に議論を広げることはもちろんですが、要素間の関連についても目を向けることで、議論の幅をさらに広げたり、深めたりすることにも役に立つのです。

図 03-03a

QCD の活用例（小売業での議論）

1	品質を上げてコストを下げる
2	品質を上げて納期を短縮する
3	コストを下げて品質を上げる
4	コストを下げて納期を短縮する
5	納期を短縮して品質を上げる
6	納期を短縮してコストを下げる

商品の鮮度を保ちながら廃棄率を低下させるために、鮮度管理システムを改善する
データ分析で需要予測の精度を高め、過剰在庫を減らすことで食品廃棄コストを削減する

品質管理プロセスの自動化により、不良品の早期発見と対応を可能にする
それによって不良品による納期遅延を防ぎ、全体の納品プロセスのスピードアップを実現する

冷蔵・冷凍設備のエネルギー効率を向上させることで光熱費を下げる
同時に商品の鮮度を長時間保ち、品質向上に寄与する

リアルタイムでの在庫状況の追跡と管理を可能にするシステムを導入する。これにより、商品の補充が必要なタイミングを正確に把握し、店舗への納品スケジュールを最適化する

ジャストインタイム（JIT）の配送システムを導入し、商品が必要とされるタイミングで店舗に配送されるようにする。それによって在庫過剰による品質低下のリスクを減らし、常に新鮮な商品を顧客に提供できるようにする

サプライヤーとの電子データ交換（EDI）を活用して、発注から納品までのプロセスをデジタル化し、紙ベースの文書処理にかかる時間とコストを削減する

図 03-03b

QCD の活用例（人材派遣業での議論）

1	品質を上げてコストを下げる
2	品質を上げて納期を短縮する
3	コストを下げて品質を上げる
4	コストを下げて納期を短縮する
5	納期を短縮して品質を上げる
6	納期を短縮してコストを下げる

従業員や派遣スタッフへの研修プログラムを強化し、スキルセットを向上させることで、顧客企業からの満足度を高め、再派遣の機会を増やす。高いスキルを持つスタッフの提供は長期的には人材の定着率を向上させ、採用コストを削減する

派遣スタッフが顧客企業に配属された際のオンボーディングプログラムを充実させ、職場への迅速な適応と生産性の向上を図る。効果的なオンボーディングによってスタッフが業務に必要な知識とスキルを短期間での習得を可能にし、納期の短縮に寄与する

派遣スタッフ、顧客企業、そして人材派遣会社間のコミュニケーションを効率化するために、統一されたデジタルコミュニケーションプラットフォームを導入する。これにより、情報の伝達ミスを減らし、迅速な問題解決を実現する

給与計算、請求書処理、スタッフスケジューリングなどのバックオフィス業務を自動化する。それによって内部プロセスを効率化し、顧客企業への迅速な人材提供を可能にする

高度なマッチングアルゴリズムを使用したデジタルプラットフォームを導入し、派遣スタッフと顧客企業間のマッチングプロセスを迅速化する。マッチングにかかる期間を短縮すると同時に派遣スタッフの待機期間を減らすことで実戦でのスキルアップの機会を増やす

オンラインで完結するオンボーディングとトレーニングプロセスを導入し、新しいスタッフが仕事を始めるまでの時間を短縮する。このアプローチにより研修関連のコストを削減し、スタッフがより迅速に業務に貢献できるようになることを目指す

04 | 議論を整理する

参加者の発言に
まとまりがないのはなぜ?

　会議で活発に発言が飛び交っているにもかかわらず「議論が空転している」と感じることはありませんか?

　特に、複数の部署から参加者が集まっていたり、複雑な議題であったりすると、会議で成果を上げるハードルが一段と高くなります。発言の間の関連性が薄かったり、まったく関連性がなかったり、わかりづらかったりした場合、そこから1つの結論に導くのはひと筋縄ではいかないでしょう。

　ここで具体例を見てみましょう。

　ある会社の経営陣が会議をしています。テーマは「営業利益減少の要因特定」です。

【社長】
「ここ最近、営業利益が目に見えて減少しています。もしかしたら、売上目標の達成が難しくなってきた営業担当が値引きしているのではないでしょうか？」

【商品部長】
「確かに、一部の営業担当は値引きしていると聞いています。しかし、本当にそれだけでしょうか？　原材料費と物流費の高騰による売上原価上昇のほうがインパクトが大きいと考えますが、どうでしょう？」

【営業推進部長】
「それはあるでしょうが、一方で販売数量の減少も気になります。特に関東支社の管轄エリアで業界内のシェアが他社に奪われているという報告が上がってきています。テコ入れのために大規模な販促キャンペーンを展開すべきではないでしょうか？」

【経理部長】
「ちょっと待ってください。すでにインターネット広告を大規模に展開していて、販促費が利益を圧迫しています。ここでさらに販促キャンペーンに資金を投じるのは得策ではないと思いますね」

さて、いかがでしょうか？

　営業利益減少の要因としてさまざまな意見が出たのは
よいのですが、それぞれバラバラでまとまりがありませ
ん。このまま続けても、お互いに意見を言い合うだけで
議論が前に進みそうにありません。

ロジックツリーで議論を構造化する

　このようなときに使えるのがロジックツリーです。
　**ロジックツリーはフレームワークの一種で、問題解決
や意思決定のプロセスを構造的に整理し、可視化するた
めのツールです。**
　特定の問題や目標をより小さな要素や細かい問題に分
解し、それらがどのように連携して全体に影響を与える
かを明確にするのに役立ちます。

　ロジックツリーはビジネスの世界において、戦略立案、
プロジェクト管理、業務プロセス改善など、さまざまな
シーンで活用されています。
　特に、経営上の複雑な課題に対してロジックツリーを
用いることで、課題を構造的に理解し、明確な行動計画
を立てることが可能になります。

ロジックツリーの作り方

ロジックツリーを作る手順は次の通りです。

①要因を分析したい問題をツリーのトップに記述する
②ツリーのトップに記述した問題の直接的な要因として
　考えられるものすべてをツリーの2階層目に記述する
③2階層目のすべての要因を3階層目に記述する
④可能なところまで要素分解を繰り返す

　それでは、先ほどのケースでロジックツリーを作成してみましょう。

　まずはツリーのトップに「営業利益減少」と記述します。営業利益が減少する直接的な要因には何があるでしょうか？　それには「売上高減少」「売上原価増加」「販管費増加」の3つがあるので、それをツリーの2階層目に記述します。そして3つの要素のどれが発生しているのかを特定します。

　この作業をするときは、ホワイトボードやプレゼンツールなどを用いて、その場でロジックツリーの2階層目まで描き、「これら3つのどれが発生しているでしょうか？」と参加者に確認するようにします。

ここから先は「売上高減少」「売上原価増加」「販管費増加」の3つのシナリオに分かれますが、ここでは「売上高減少」が発生していたと仮定します。

　その場合には「売上高減少」の要因をさらに分解して、「販売数量の減少」か「平均販売単価の低下」かを特定します。

　この2つのうちの「販売数量の減少」が起きていたのであれば、さらに分解して「市場の縮小」「自社商品のシェア低下」と記述します。

　ロジックツリーを作成する際には、このように順番に要素分解していきます（　図03-04　）。

図03-04

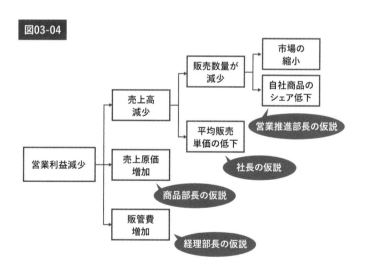

なお、このツリーは「営業利益減少」の要因を分析する唯一絶対の解ではありません。あくまでも1つの例としてツリー作成のイメージをつかんでいただければ幸いです。

　会議では参加者と協力してロジックツリーを作りながら、「どのような切り口で要因を分解できるか？」「その切り口で分解した際にどのような要因が存在するか？」「分解して出てきた要因のうち、どれが当てはまるか？」を話しながら問題の真因を特定していきます。
　それによって、参加者間での共通認識を醸成しながら議論を着実に前に進めることができます。

MECEで要因の「抜け漏れダブリ」を防ぐ

　ロジックツリーで問題の真因を特定する際には、単に要因をツリー上に配置すればよいというわけではありません。
　たとえば、先ほどの会議のケースにおいて、営業利益減少の要因として社長は「営業担当による値引き」、商品部長は「原材料費と物流費の向上による売上原価上

昇」、営業推進部長は「関東支社エリアでのシェア低下による販売数量減少」、そして経理部長は「インターネット広告の大規模な展開による販促費の上昇」をそれぞれ挙げています。

これらをそのまま「営業利益減少」の要因として横並びに記述してしまうとどうなるでしょうか？

きっと、「ほかにも考えられる要因として重要なものがあるのではないか？」という疑問が投げかけられることが予想されます。なぜなら、「営業利益減少」の直接的な要因を網羅的に洗い出せていないからです。

そのようなことを防ぐため、ロジックツリーを作成する際に守るべき原則があります。それが「MECE（ミーシー）」です。

MECE とは「Mutually Exclusive, Collectively Exhaustive」の頭文字を取ったもので、日本語では「相互に排他的かつ総合的に包括的」と訳せます。もっと簡単に言うと「抜け漏れなくダブりなく」という意味で、物事や情報の論理的な構造を考える際に留意すべきものです（次ページ 図03-05 ）。

以下に「相互に排他的／ダブりなく」と「総合的に包括的／漏れなく」を1つずつ見ていきましょう。

図 03-05

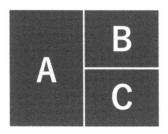

MECE
（Mutually Exclusive and Collectively Exhaustive）
＝相互に排他的かつ総合的に包括的

・A、B、Cにダブりがない
　（相互に排他的）
・A、B、Cを足すと全体になる
　（総合的に包括的）

この状態を**MECE**という

≫ Mutually Exclusive（相互に排他的／ダブりなく）

　これは情報や要素が互いに重複しないことを意味します。つまり、ある物事や情報を構成する要素は互いに排他的であり、ほかの要素と重複する部分がないことが求められます。

　たとえば、市場を年齢層で分類する際、「20歳以下」「21歳から30歳」「31歳から40歳」というように、各カテゴリが重複しないように設定します。

▶ Collectively Exhaustive
（総合的に包括的／抜け漏れなく）

これは分析対象の全体が完全にカバーされていることを意味します。要素の集合が対象すべての物事や可能性を包含し、何も見落とされていない状態を指します。同じ市場分類の例で言えば、すべての年齢層がカバーされている必要があります。

MECEの原則を用いることで、複雑な問題や大量のデータを明確に整理し、効果的な分析や意思決定を行なうことができます。この原則は戦略立案、プロジェクト管理、プロセス改善など、さまざまな場面で有用です。

重要なのは情報を網羅的に整理する一方で、重複や矛盾を避けることにより、分析の精度と効率を高めることです。

そしてロジックツリーを作成する際には、同じ階層の要素間がMECEになっているかどうかを確認しながら行なうことによって、少なくとも論理的な破綻を回避できる確率を上げられます。

ロジックツリーで
MECE がうまくいかなかったら?

　MECE の概念自体は難解なものではありませんし、もしかしたら簡単にできそうな気がするかもしれませんが、実際に MECE を意識しながら自分でロジックツリーを作ろうとすると、思いのほかうまくいかないことがあります。まさに「言うは易く行なうは難し」です。

　そこで使えるのが世の中に出回っているビジネスフレームワークです。PEST 分析や SWOT 分析、3C、4P などの有名なフレームワークは当然、MECE になっています。
　良かれと思ってフレームワークに勝手に要素を加えてしまうとダブりが発生してしまい、逆に要素を引いてしまえば重要な要素が漏れてしまいます。
　そのため、問題の性質に応じて適切なフレームワークを選択し、基本的には手を加えずにそのまま使用することをおすすめします。

　なお、**ロジックツリーにフレームワークを使用する際には 2 階層目か 3 階層目などの上位階層に用いるのが**

一般的です。というのも、上位階層が MECE になっていなければ、そこから先の階層のロジックがいくら完璧であってもムダになってしまうからです。

「四則演算」で要素を分解する

では、ロジックツリーを作成する際に適切なフレームワークが見つからなかった場合にはどうすればよいのでしょうか？

その際に使える考え方が「四則演算」です。これは、**上位階層の要素が下位階層の四則演算の結果で表せることを意識してロジックツリーを作成**していくということです。

たとえば、先ほどの「営業利益減少」という問題を深掘りする際には「営業利益＝売上高－売上原価－販管費」で表せます。だから、この式の右側の項目を第2階層に持ってくるわけです。このように**四則演算で表すことができれば、「MECE になっている」といえます。**

なお、1つだけ注意していただきたいのは「四則演算で表せる」＝「唯一絶対の分解の仕方である」とは限らないということです。

たとえば、売上高は先ほどの例では「売上高＝平均販売単価×販売数量」という式を念頭にロジックツリーを組み立てましたが、別の捉え方をすると「売上高＝市場規模（金額ベース）×自社の市場占有率」という式をもとに要素分解することも可能です。

　そして、どのような分解の仕方が正しいのかは解きたい問題や自社の置かれている状況などによって異なるので、一度作成したロジックツリーの構造がしっくりこない場合には分解の仕方を見直してみることをおすすめします。

　議論が空転していると感じた場合には、ロジックツリーの形で議論を可視化しましょう。それによって、参加者間で共通認識を醸成しながら議論を整理して、着実に会議の成果を上げられるはずです。

　なお、この章の最後にロジックツリーの例を２つ挙げておきます（次ページ 図03-06 、130ページ 図03-07 ）。

図 03-06

リスティング広告改善のロジックツリーの例

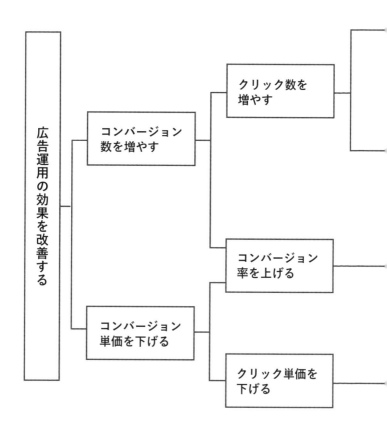

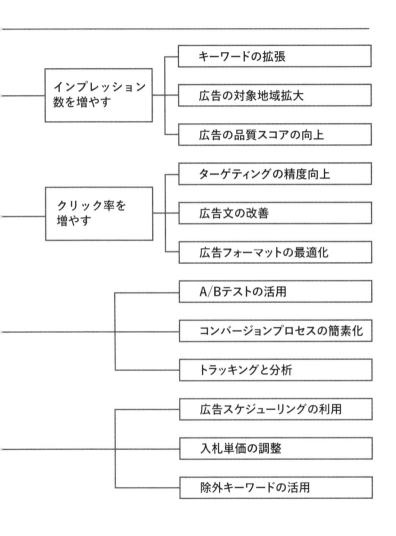

図 03-07

コンビニエンスストアの売上増加のロジックツリーの例

来店客数を 増やす	新規顧客数を増やす
	既存顧客の来店頻度を上げる
	離脱顧客数を減らす

購買率を上げる	潜在購買意欲を刺激する
	購買意欲を維持する

購買商品 平均単価を上げる	アップセルを進める

購買商品 平均点数を増やす	クロスセルを進める

物件契約数を 増やす	交渉物件数を増やす
	物件のスクリーニング通過率を上げる
	物件の成約率を上げる

オーナー 契約者数を増やす	交渉するオーナー数を増やす
	オーナーのスクリーニング通過率を上げる
	オーナーの成約率を上げる

フランチャイジーの 解約数を減らす	契約満了による解約数を減らす
	看板変えによる解約数を減らす

直営店の解約数 を減らす	不採算による解約数を減らす

第 **4** 章

停滞を突破する
最速化テクニック

01 | 議論の「停滞」を 突破する

会議における沈黙は金ではなく、 単なるムダ

　会議の冒頭や途中で議論が止まってしまい、参加者からの発言が途切れてしまった経験はありませんか？

　5秒や10秒程度であれば、発言が止まってもさほど問題ではありませんが、あまりに長く沈黙が続いたり、沈黙が頻繁に発生したりするようでは会議がムダに長引きかねません。

　発言が途切れることによる会議停滞の要因としては「参加者のモチベーションの低さ」や「発言を躊躇させる重苦しい雰囲気」なども考えられますが、ここでは「参加者が何を話してよいかわからない」と感じていることにより起こる「停滞」に焦点を当てます。

発言を妨げる 4 つの要因

　そもそも会議で参加者の多くが何を話したらよいかわからなくなってしまう事態は、なぜ発生するのでしょうか？

　それには次の 4 つの要因が考えられます（　図04-01　）。

①論点がぼやけている
②論点が大きすぎる
③論点が抽象的すぎる
④論点に関する知識や経験が不足している

図 04-01

会議で何を話してよいかわからなくなる4つの要因

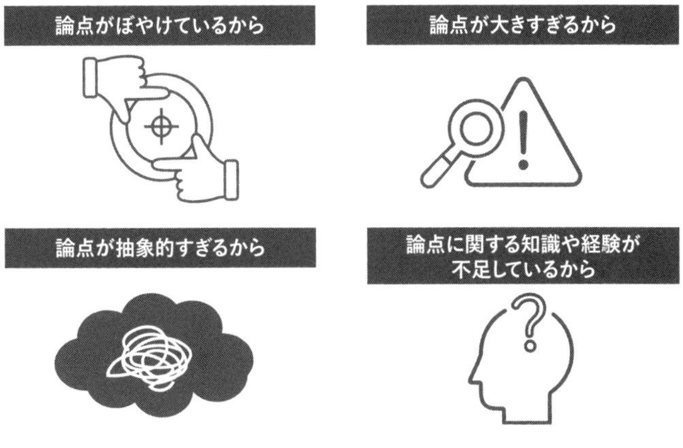

論点がぼやけているから

論点が大きすぎるから

論点が抽象的すぎるから

論点に関する知識や経験が
不足しているから

要因を１つずつ見ていきましょう。

≫ ①論点がぼやけている

まずは「論点がぼやけている」です。

第２章「02　論点を可視化する」において、論点とは「解くべき問い」であると説明しました（45ページ）。それを踏まえると、「論点がぼやけている＝解くべき問いがぼやけている」ということになります。

では、論点がぼやけているとなぜ「何を話したらよいかわからない」状態になるのでしょうか？

そもそも、なぜ会議で議論をするかというと、何らかの問いに対して答えを出すためです。その「解くべき問い」そのものが不明瞭では、何をどこから話すべきかがわからなくて当然です。

これを具体例で考えてみましょう。

ある部署の会議に召集された参加者が、会議の冒頭に「技術革新と自社について議論してください」と言われたらどうでしょうか？

これではどのような問いに答えを出せばよいのか明確ではないため、ムリをすれば何らかの発言はできるかも

しれませんが、何をどこから話したらよいのかわからずに困ってしまうはずです。

　こうした事態を打開するには、ぼやけた論点を明瞭にするほかありません。
　たとえば、「技術革新と自社」であれば「自社が最新技術を活用して市場シェアを上げるために何をすべきか？」や、「技術革新により自社製品を代替する製品やサービスが生まれつつあるが、自社としてはどう対応すべきか？」といった問いへと変換するのです。
　少なくとも「何に対して答えを出すべきか？」をはっきりとわかるようにすることで、会議の参加者は「求められていること」を認識して、発言できるようになるはずです。

②論点が大きすぎる

　次に「論点が大きすぎる」について解説します。
「論点が大きすぎる」とは、言い換えると「解くべき問いが大きすぎる」ということになります。つまり、その会議の場で議論するにはあまりにも空間面、時間面、あるいは金額面などにおいて規模が大きすぎることを意味します。

そのような論点が設定されてしまっては、参加者が何も答えられなくても仕方ありません。

　たとえば、「会社の売上を今後10年間で倍増するための戦略として、新製品の開発と海外市場開拓のどちらに優先的にリソース配分すべきか？」という問いを立てたとします。
　これは、経営幹部が参加する会議であれば特に問題はないでしょう。しかし、同じテーマを現場の中間管理職と一般社員だけが参加する営業部会のような会議で話そうとしても、規模が大きすぎて、参加者にとってピンとこないのではないでしょうか。

　それよりは、現場の営業部会であれば「来年度のうちの営業部の売上を7％上げるために、既存顧客の深耕と新規顧客の開拓のどちらに優先的に取り組むべきか？」という問いのほうが白熱した議論ができそうですよね。
　実は、毎年7％ずつ売上を伸ばすことができたら10年後には約2倍になるので、最初に掲げた「今後10年間で売上倍増」という目標にも合致しています。

③論点が抽象的すぎる

　続いて３つ目の要因「論点が抽象的すぎる」について解説します。

　こちらは問いの抽象度が高すぎてさまざまに解釈することが可能なため、参加者が「いったい何に答えればよいかわからなくなってしまう」といった状況です。

　具体例で考えてみましょう。

　たとえば、社内の各部署から参加者が招集された会議で「社員教育を改善するために何をすべきか？」という論点について議論することになったとします。

　このケースでは、「社員教育」と「改善」の双方の抽象度が高すぎるため、参加者にとっては具体的に何を想定して発言すればよいのかわからずに議論が停滞してしまう恐れがあります。

　「社員教育」については「対象者」と「内容」、それに「形式」などのいろいろな要素が含まれます。また、「改善」についても「効果を上げたい」のか、それとも「効率化したい」のかなどの要素が考えられます。

　たとえば、人事部からの参加者は、新入社員を想定した「マナー研修の時期の見直し」や「管理職向けのアン

ガーマネジメント研修の満足度向上」などを思い浮かべるかもしれません。一方、営業部からの参加者であれば「プレゼンテーション研修の効果測定」や「OJT で貢献した先輩社員の評価方法」について問題提起したいと思うかもしれません。

　しかし、そもそも部署横断で招集された会議で自部署に関連する主張を展開してもよいものだろうかと、発言に二の足を踏んでしまう参加者が少なからず発生することが考えられます。

　それを踏まえると論点の解像度を上げるべきでしょう。

　たとえば、「管理職を対象にしたコンプライアンス研修の受講率を前年度比で 30％上げるにはどうしたらよいか？」などと論点を絞ったほうが、部署横断での会議においても発言しやすくなるはずです。

　また、同じ部署内での会議においてもやはり、論点が抽象的すぎて発言しにくい場合があります。

　たとえば、営業部の若手を集めた会議において「売上を伸ばすためにどうしたらよいか？」という論点では経験値が少ないことも相まって、あまり有意義な意見が出ないこともあるでしょう。

そのような場合には「営業が現状より1日1件、見込み顧客との接点を増やすにはどうしたらよいか？」「すでに懇意にしていただいているお客様に、ほかの事業所を紹介してもらうためにすべきことは何か？」など、より具体的な話にすることで参加者が意見を出しやすくなるはずです。

④論点に関する知識や経験が不足している

最後に4つ目の要因「論点に関する知識や経験が不足しているから」について考えてみましょう。

こちらは論点というよりは、その論点を議論する参加者側に問題がある場合です。**会議では「何を議論するべきか」と「誰が議論するのか」の2つがそろい、そして両者が噛み合って初めて成果を生み出します。**

議論すべきことが決まったら、会議の参加者はそれに見合った人を過不足なく集めなければ、会議そのものの目的達成は難しいでしょう。

たとえば、社長から「経営効率を上げるために全社でDX（デジタルトランスフォーメーション）を進めてください」と全役員に指示が出されたとします。

そこで、役員のうちの1人が「自社でのDXの進め方

を考えましょう」という言葉で会議の招集をかけたところで、そもそも IT に疎い中高年の役員ばかりが参加してしまっては活発に意見が出るべくもありません。

それどころか「そもそも、紙のほうが圧倒的に楽だよね」などという的外れな発言が出てしまい、DX どころか業務のペーパーレス化すら危うくなってしまうことすらあるでしょう。

❯❯ 参加者は「知識／専門性」「視座」で選ぶ

それでは、論点に対して適切な参加者を募るうえで考慮すべきポイントをお伝えします。

それは「知識／専門性」と「視座」です。会議で議論を活発に行なうには、この2つにおいて適切なレベルを保持している参加者を招集することが重要です。

まず、「知識／専門性」ですが、これはマーケティング、営業、購買、生産、物流、経理、人事、IT など、一般的に組織とひもづいたものに加え、先ほど挙げた DX や SNS マーケティング、提案型営業、管理会計、内部統制、セキュリティなどのより狭い範囲での専門性も含みます。会議の議論では、後者のような専門性の高い論点を扱うことが多いので、それにマッチした参加者を集められるかどうかが会議の成否に直結します。

このように「知識／専門性」についてはわかりやすいのであまり問題にはなりにくいのですが、もう1つの「視座」については見落としがちなので注意が必要です。

　「視座」とは物事を見る立場や角度、観点のことを指します。これは物理的な位置や視点だけではなく、「どの立場から物事を考えられるか」ということを含みます。

　一般的には、論点に対して「視座」が低い参加者だけで議論することによって、重要な前提条件や問題点などを見落としてしまったり、問題に対して近視眼的な解決策しか出せなかったり、あるいは意見が出せなかったりということが起こります。

　たとえば、人事部の会議で「来年度の新卒入社の採用人数を今年度比で15%増やすにはどうすべきか」という論点について議論したとします。そうすると、「SNSの企業アカウントで面白い動画を作って拡散しましょう」とか「社員からのリファラル採用を進めるために、報奨金を出しましょう」といったアイデアが出てくるかもしれません。

　最初のアイデア出しをする際にはこの程度でもよいのですが、そのあとでアイデアの良し悪しを判断する際に「視座」が低い社員ばかりでは、それらの打ち手のメリット／デメリットや長期的なリスクなどを踏まえた議論

をするのは難しいでしょう。

たとえば、「SNSの企業アカウントで面白い動画を作って拡散する」というアイデアの採用の是非を判断するとしたら、現在、そして将来にわたって構築したい自社の企業ブランドとの兼ね合いや運用体制の構築、炎上リスクをどこまで許容すべきかなど、広範囲にわたって影響範囲を考えることが必要です。そのためには現場レベルよりも高い「視座」が求められます。

あえて「詳しくない人」を参加させる場合

なお、会議の趣旨によってはあえて「知識／専門性」や「視座」という2つのポイントに当てはまらない人を参加者に含めるケースもあります。それは過去の経験や常識にとらわれずに議論をしたいときや、議論の行き詰まりを打開したいときに行ないます。

しかし、そのような場合でも2つのポイントに当てはまらない人は少人数にとどめておくことと、「専門的な知識や経験がなくても自由に発言してほしい」ということを、あらかじめ伝えておきましょう。そうしておかないと結局、議論が停滞してしまうか、専門性がない参加者が発言を遠慮してしまいます。

事前に論点をきちんと設定しておく

　ここまでで、参加者が何を話してよいかわからないために議論が停滞してしまう理由と、その対処法をお伝えしました。実際には、4つの要因はどれか1つのみ当てはまるというよりは複数の要因が存在することのほうが多いかもしれません。

　いずれにせよ重要なのは、議論が停滞しそうな要因を先回りして潰しておくことと、それでも停滞してしまったときに冷静に対処することです。

　先回りして潰しておくためには、会議で話す論点が「ぼやけていないか」「大きすぎないか」「抽象的すぎないか」という3つの観点からチェックしましょう。もし該当するものがあったら、あらかじめ論点を設定し直しておきましょう。

　その一方で会議に召集した参加者の「知識／専門性」や「視座」が論点を議論するうえで適切かどうかについても事前にチェックし、必要に応じて開催に先んじて参加者を調整しておくことで、会議の停滞を予防することが可能です（次ページ 図04-02 ）。

図 04-02

会議で何を話してよいかわからないときの対処法

論点を明瞭にする

技術革新と
自社について

自社が最新技術を
活用して市場シェア
を上げるために何を
すべきか

何に答えればよい
かわからない

何に答えを出せば
よいか明確

論点を具体化する

売上を
伸ばすには
どうすればよいか?

1日1件、見込み顧
客との接点を増や
すにはどうしたらよ
いか?

抽象度が高くて
答えられなければ

より具体的な
論点に落とし込む

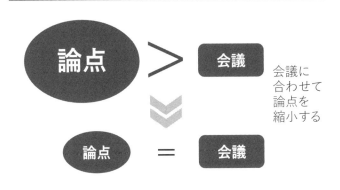

論点を縮小する

論点 ＞ 会議

会議に
合わせて
論点を
縮小する

論点 ＝ 会議

論点に対して適切な参加者を募る

知識／専門性　　視座

知識／専門性と視座の2つの観点で
論点に対して適切なレベルの参加者を募る

また、会議中に議論が停滞してしまった際にも同様に、3つの観点から論点をチェックし、調整することで停滞を打破できる確率を上げられます。

　参加者の側に要因がある場合には、そのまま会議を続けても有意義な成果を上げることは難しいので、ムリに会議を続けようとしないほうがよいでしょう。会議をいったん解散したうえで、後日参加者を調整してから改めて会議を開催するようにしましょう。

02 | 議論の「紛糾」を 突破する

意見は出るものの、話がもつれてしまう

　会議において発言が活発なことはけっこうですが、議論がもつれて紛糾してしまうと、これもまた会議が長引く要因になってしまいます。

　もちろん、参加者の間で意見の相違があることは当然です。むしろ、多様な意見があるからこそ画期的なアイデアや鋭い指摘、それまで誰も気がつかなかった観点が見つかるなどのメリットがあるはずです。ただし、その一方で、意見がすり合わせられないまま膠着状態に陥ってしまい、時間だけがいたずらにすぎてしまうようでは生産的とはいえません。

　会議が紛糾する主な要因として考えられるのは「議論が噛み合わない」場合と「主張が真っ向から対立する」場合です。そのどちらも、互いに主張をぶつけ合うだけ

ではいつまで経っても議論が平行線のまま進展しない状況に陥りかねません。

なお、「主張が真っ向から対立する」場合は基本的には「どちらか一方の主張を受け入れる」、もしくは「双方の主張よりも優れた第三案を考える」を検討すれば済むだけの話ですが、より対応が厄介なのは「議論が噛み合わない」場合です。ここでは、こちらにフォーカスして考えてみます。

「議論が噛み合わない」の3つの要因

そもそも、なぜ「議論が噛み合わない」状況が生まれるのでしょうか？

次の3つの要因が考えられます（次ページ 図04-03 ）。

①論点と議論の粒度がそろっていない
②特殊事例を一般論や傾向と同列で捉えている
③論点が交錯している

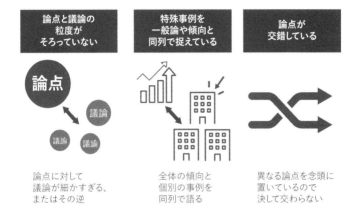

図 04-03

議論が噛み合わない3つの要因

| 論点と議論の粒度がそろっていない | 特殊事例を一般論や傾向と同列で捉えている | 論点が交錯している |

論点に対して
議論が細かすぎる、
またはその逆

全体の傾向と
個別の事例を
同列で語る

異なる論点を念頭に
置いているので
決して交わらない

》①論点と議論の粒度がそろっていない

　まず、「論点と議論の粒度がそろっていない」につい
て考えてみましょう。この要因は会社の役員と現場社員
の間での会話などでよく発生します。

　たとえば、役員が会議で提示した論点に対して現場社
員の話が細かすぎたり、その反対に現場社員から役員へ
の相談の中で提示した論点に対して役員の話が大きすぎ
たりするような場合に発生します。

　ある会社の役員 A さんと現場社員の B さんと C さん
の議論を例にこれについて見てみましょう。

【役員 A さん】

「わが社では、競争優位性を確保するために全社で DX（デジタルトランスフォーメーション）を進めることになりました。そこで、どのように DX を進めるべきかについて現場で働く皆さんから意見を聞かせていただけないでしょうか？」

【現場社員 B さん】

「そうですね、商品明細見積書に手書きでメモを追記して FAX で送信していますが、元々は電子データのはずなのでそこに記入し、メールで送付するように変更するのはどうでしょうか？」

【現場社員 C さん】

「外回りの営業と内勤の事務担当の間での連携が課題ですね。現状、営業が外回りから帰社してから事務員に受注入力を依頼しているので、どうしても事務員が残業しないと業務が回らなくなっています」

【役員 A さん】

「なるほど……。私としては、社内の DX をどう進めるべきかという話をしたかったのですが……。お 2 人のご意見は、参考にしますね」

いかがでしたでしょうか？

このケースでは役員 A さんが「DX をどう進めるべき
か？」という論点を提示しています。それに対して現場
社員 B さんと C さんの 2 人は確かに DX に関連する話
はしているものの、あまりにも細かい話をしているので
論点の粒度がそろわず、役員 A さんが困ってしまって
います。

このケースでは、そもそも「DX の進め方」という経
営課題について、現場レベルまで細かく咀嚼（そしゃく）しないで、
いきなり現場社員に意見を求めた役員 A さんのほうに
落ち度があります。

議論が噛み合わないときには「論点に対して議論の粒
度がそろっていないのではないか？」と疑問を持ち、場
合によっては論点を変えるか、参加者を入れ替えて会議
を仕切り直すようにしましょう。

②特殊事例を一般論や傾向と同列で捉えている

次に、「特殊事例を一般論や傾向と同列で捉えている」
を解説します。

これは物事の全体の傾向や特徴に基づいて設定した論
点に対して、個別具体的な事例に基づく議論を展開した

場合、あるいはその反対の場合において発生します。

　これについても具体例で見てみましょう。
　営業推進部のDさんと営業部のEさん、同じく営業部のFさんが会議で話しています。

【営業推進部Dさん】
「現在、うちとお付き合いのある約1000社のうち、重要顧客300社へのアンケートを実施しました。その集計結果ですが、わが社との取引の決め手が『課題に対する営業担当者の提案力』であるという回答が全体の85％を占めています。それに対して、取引の決め手として「価格」と答えた方はわずか5％でした。
　この結果を踏まえると、営業戦略としては提案時の値引きやキャンペーン価格設定などは減らしていき、提案の質を維持・向上させるための施策を考えるべきかと思いますが、どうでしょうか？」

【営業部Eさん】
「いやあ、そうは言っても値引きやキャンペーン価格を減らすのは難しいんじゃないですかね。私のお客様の中には、『御社は安くしてくれるから助かるよ』と言ってくれる方も少なくないですよ。それなのに、これからは

一切値引きしませんと宣言したら、取引そのものが危うくなってもおかしくはありません。そうなったら誰が責任を取ってくれるんですか？」

【営業部Fさん】
「私も完全に同意見です。私の肌感覚的には、むしろ提案内容よりも安さを重視するお客様が多いという印象を持っています。事実、昔から付き合いのある会社さんでは値引きに感謝してもらっていますよ」

【営業推進部Dさん】
「そうですか。確かに中にはそういうお客様もいらっしゃるのでしょう。ですが、全体の傾向としては、明らかに価格が重視されていないということがわかっているのです。だから、会社としては営業戦略の見直しをすべきと考えています」

【営業部Eさん】
「そんなことだから、下から『上の人たちは現場のことがわかっていない』と言われるんですよ。話になりませんね」

　さて、いかがでしたでしょうか？

まったく議論が噛み合わず、最後には営業部のほうからさじを投げられてしまっています。

　なぜ議論が噛み合わなかったのでしょうか？

　営業推進部のDさんはアンケートの結果をもとに「全体の傾向として、顧客からは価格よりも提案価値が重視されている」という話をしているのに対して、営業部のEさん、Fさんの2人は「私が担当しているお客様の中には価格を重視する会社もある」という個別具体的な例を出して反論しています。

　全体の傾向の議論に対して個人の経験や周囲の特殊事例を挙げて、さも全体の傾向を表すかのような主張で反論されてしまっては議論が噛み合うべくもありません。こういうときは、そもそも**「全体の傾向の話」**と**「個別具体的な話」を明確に分けて議論するように導く**ことが大事です。

　このような場合、個別具体的な話をバッサリと切り捨ててしまったほうがその場は楽かもしれませんが、そのあとに建設的な議論をする道が断たれてしまいかねないので慎重に対応しましょう。

③論点が交錯している

最後の要因は「論点が交錯している」です。

これは一見、同じことを議論しているように見えても実はまったく異なる論点になっている場合に起こります。簡単な例を見てみましょう。「旅行に行くならどこがよいか？」というテーマに対して次のような意見が出たとします。

①ショッピングを楽しみたいからハワイがいい
②安く済ませたいから近場がいい

各々の論点は、①は「体験価値を重視した旅行先はどこにすべきか？」、②は「コストの低さを重視した旅行先はどこにすべきか？」と捉えることができます。

ただし、論点が交錯しているので、このままではどこまで話しても議論が噛み合いません。

それでは具体例を見てみましょう。

ある企業の営業部員Gさん、Hさんと商品開発部員Iさん、Jさんの会議のひと幕です。

【営業部員Gさん】

「半年前に投入した新商品、あれは残念ながら失敗と言わざるを得ませんね。これまで取引のあるお客様に提案してもイマイチ響きません。そもそも商品の売りがお客様のニーズに合っていないのではないでしょうか？」

【商品開発部員Iさん】

「そんなはずはないですよ。あの商品はマーケットリサーチで把握した顧客ニーズをもとに開発を進めて、求められている機能をすべて搭載できたんですよ。しかも多くのメディアでも取り上げられています。それが失敗のはずがないでしょう。営業部隊の提案の仕方のほうに問題があるのではないですか？」

【営業部員Hさん】

「Iさんは、私たちの売り方にケチをつけるんですか？あなた方は実際にお客様と向き合っているわけではないのに、顧客ニーズなんて本当にわかっているのか怪しいものですね」

【商品開発部員Jさん】

「皆さん、まずは落ち着いてください。お互い相手を非難し合っていても仕方ありません。マーケットリサーチ

の結果、明らかになった顧客ニーズの前提となるターゲット層と、営業部員の皆さんが実際にやり取りされているお客様の層に違いがあるのかもしれません。まずはそこから整理するのはどうでしょうか？」

　いかがでしたでしょうか？

　不穏な空気が流れ始めましたが、商品開発部 J さんの冷静な対応でひとまずは建設的な議論に戻すことができそうですね。

　さて、このケースでは、営業部員の G さんと商品開発部員の I さんの間で論点が交錯しているようです。G さんは「既存の取引先への提案が響かないので、新商品の投入は失敗と判断すべきではないか？」という論点を持っています。

　一方、I さんは「マーケットリサーチをもとにした顧客ニーズに基づく機能を実装しているうえに、メディアでも多く取り上げられているから新商品は成功と判断すべきではないか？」という論点を念頭に主張を展開しています。

　そもそも論点が交錯している以上、それを放置したままでは議論が前に進むことはありません。

　では、どうしたらよいのでしょうか？

これはそもそも「新商品投入が成功か失敗かをどのように判断すべきか?」という論点や、それ以前に「何のために新商品投入の成功あるいは失敗を判断しようとしているのか?」という目的からしっかり詰めておくことが必要です。これらが明確になっていれば、論点の交錯によって議論が紛糾することは免れるはずです。

なお、**特に注意しなければならないのは「一見すると同じことを話しているように見えているが、実は論点が交錯している」状況です。**
たとえば、同じ「費用」について話しているつもりが一方は売上原価、もう一方は販管費を想定して話していたり、同じ「成果」について話しているつもりが一方は売上高、もう一方は利益額を想定して話していたりする場合などに発生します。

では、ここまでの話をおさらいしましょう。
議論が紛糾してしまう要因として次の3点についてお話しました。

①論点と議論の粒度がそろっていない
②特殊事例を一般論や傾向と同列で捉えている
③論点が交錯している

会議の中で「どうも議論が噛み合っていないな」と感じたときには、この3つの要因のいずれかに当てはまらないかを考えてみましょう。そこで要因が特定できれば、その要因に応じた対処をすることで議論の紛糾を打破することができるはずです（ 図04-04 ）。

図 04-04

議論が噛み合わないときの対処法

論点と議論の粒度の比較と修正	全体の傾向と特殊事例の明確な区別	目的に合う論点の選択
論点 ＝ 議論		機能 価値 価格 目的 機能
論点と議論の粒度を比較し、等しい大きさにそろえる	全体の傾向と個別の事例を明確に分けて議論する	挙がっている論点を比較し、より目的に合う論点を選択する

03 | 議論の「ループ」を突破する

話が堂々巡りしてしまうのはなぜ？

　長丁場の会議に参加していると、たまに「あれっ？さっきも同じことを議論したような気がする……」と感じることはありませんか？

　そのようなときは議論がループしている可能性があります。意見が出ているので議論は停滞せずに進んでいるように感じるのに、気がつかないうちに同じ議論を延々と繰り返してしまうところがこの現象の厄介なところです。

　なぜ、このような議論のループに陥ってしまうのでしょうか？

　それには次の5つの要因が考えられます（次ページ 図04-05）。

①会議のゴールが不明瞭

②会議のゴールまでのアプローチが不明瞭

③議論の進捗を把握できていない

④論点そのものをループ構造で捉えている

⑤判断が必要なところで議論している

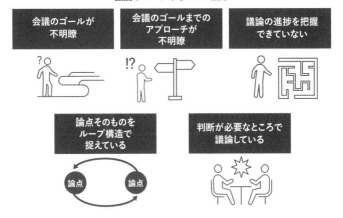

図 04-05

議論がループする5つの理由

> ### ①会議のゴールが不明瞭

まず1つ目の「会議のゴールが不明瞭」を解説します。

会議のゴールがわからないままに会議を進めるのは、目的地を決めずにドライブしているようなものです。目指す地点がないまま、いくら議論を交わしても、先に進めるはずがありません。そもそも「どこが先でどこが後

なのか？」を決めることすらできないはずです。

　これがドライブであれば、行き先を決めずにドライブ
そのものを楽しむのもありかもしれません。しかし、「参
加者の時間」という貴重なリソースを投じる会議におい
て、こんなことをやっていては成果を上げることはでき
ないでしょう。

　**もし議論がループしていると感じたなら、「そもそも
会議の目的が明確になっているか？」「参加者間で目的
がしっかりと共有されているか？」をきちんと確認しま
しょう。**

　会議のゴールについては第1章「02　ゴール（狙い）
を定める」（19ページ）で詳しく解説しているので、そ
ちらをご覧ください。

≫ ②会議のゴールまでのアプローチが不明瞭

　続いて2つ目の「会議のゴールまでのアプローチが不
明瞭」について解説します。

　これは、会議で目指すゴールはわかっているものの、
そこにいたるまでのアプローチ（進め方）が曖昧になっ
ていることを指します。

　たとえるならば、ある日突然フランス旅行に行こうと

思い立ち、まずはルーヴル美術館を目指すことにして飛行機でパリ近郊のシャルル・ド・ゴール空港までは着いたものの、そこからどうやってルーヴル美術館まで行けばよいのかがわからずに途方に暮れてしまうといった状況です。何となく美術館がありそうな方向に進もうとしたところで、地図や鉄道などの情報が一切なく、行き方がわからなければいつまでたっても美術館にたどり着けなくても不思議ではありません。

　会議も同様です。
　ゴールを定めたらどうやって達成するのか、その道筋を考えておかなければ議論が迷走するのは当然です。できれば会議が始まる前に考えておきましょう。なお、アプローチの考え方については第1章「03　アプローチ（進め方）を定める」（25ページ）の解説をご覧ください。

③議論の進捗を把握できていない

　3つ目の「議論の進捗を把握できていない」を解説します。
　これは、会議のゴールとアプローチが設定されているものの、自分たちの議論が「今、どの位置にいるのか」を把握できていないような状況です。

先ほどのフランス旅行の例で言えば、目的地はルーヴ
ル美術館と決まっていて、美術館までの道のりについて
もすべて把握できているものの、「自分が今どこにいる
のか」がわからないようなものです。

　当たり前ですが、現在地がわからなければ、今いる場
所からどちらに向かってどれだけの距離を動けばよいか
がわからず、立ち往生してしまうでしょう。

　会議も同様です。

　皆さんの中には「そもそも自分たちの議論の現在地が
わからなくなるなんてことがあるのだろうか？」と疑問
を持たれた方もいると思います。しかし、少なくとも私
の観測範囲においてはまったく珍しくない現象です。そ
れどころか、油断するとすぐに議論の現在地を見失って
しまうことは大変多いです。

　その理由は次の３つです。

・そもそも議論が複雑
・議論の構造が途中で変化した
・些末な事柄の議論に入り込んでしまった

● そもそも議論が複雑

議論が入り組んでいてあまりに複雑な場合には、ふと気がつくとどこまで進んでいるのかがわからなくなることがあります。それは、複雑な迷路を途中まで進んでいて気を抜いた瞬間に、どこまで進んだのかがわからなくなる感覚に近いです。

こうした状態を防ぐには、議論をリアルタイムに可視化するのが最も効果的です。たとえば、参加者の発言をホワイトボードや PowerPoint などで可視化しながら進めていくことで、どこまで議論が進んだのかも一緒に可視化することができます。迷路でいえば、ゴールに向かって進んできた足跡をペンで書き込んでいくようなイメージですね。

また、議論の構造が途中で変化した際にも現在地を見失うことがあります。これは迷路を進んでいたところ、突然迷路そのものが変化してしまうのに似ています。

● 議論の構造が途中で変化した

会議の参加者のバックグラウンドが異なる場合には、会議の途中まで積み重ねてきた議論を根底からひっくり返す主張をする人が現れることがあります。もし、その人の主張が的を射ていた場合には、もともと想定していたアプローチに致命的な欠陥があるのかもしれません。

そうすると当然、自分たちの現在地が不意にわからなくなってしまいます。

　このような場合、無理に元の議論の流れに押し戻そうとするのは悪手です。それよりは会議をいったん仕切り直してアプローチしたり、場合によってはゴールから見直すほうが結果的には、より早く成果を上げられます。

● 些末な事柄の議論に入り込んでしまった
　些末な事柄の議論に入り込んでしまった場合にも現在地を見失うことがあります。
　これは目的地に向かって高速道路を進んでいる途中、知らない土地で下道に下りて迷子になってしまうのに似ています。
　たとえば、全社の方向性について話すべきところで社員個人の話をしてしまったり、プロジェクトの大枠の進め方について話すべきところで作業レベルの話をしてしまったりということです。こうしたことによって、たとえ方向性が同じであったとしても、些末な議論にはまり込んで現在地を見失ってしまうことがよくあります。

　このようなときには、会議の目的やアプローチについて再確認し、些末と思える議論が今、本当に必要なのか

どうかを問うのがよいでしょう。

　仮に、その議論が重要だったとしても、それを「今、話すべきかどうか」は別の話なので、タイミングも留意してどうすべきかを決めるのが肝要です。

④論点そのものをループ構造で捉えている

　４つ目の「論点そのものをループ構造で捉えている」を解説します。

　複数の論点がある場合に、その答えを追求していくと結局は最初の論点に戻ってしまうケースです。これはゲームを１ステージずつクリアしていって最終ステージまで進んだはずなのに、いつの間にかスタート地点に戻ってしまっているようなものです。

　このような場合、そこから再び進んで行っても、やはり最後にはスタート地点に戻ってしまい、いつまで経ってもそれ以上先には進めません。

　これについて、簡単な例で考えてみましょう。

　ゴールは「会社の売上を伸ばす打ち手を考えること」で、そのための論点として「売上を伸ばすためにマーケティングを強化すべきではないか？」と設定したとします。そして議論の結果、「マーケティングを強化すべき」

という結論が出たとします。

　そして次の論点を「マーケティング費用を捻出するために売上をどう伸ばすか？」と設定したとします。

　皆さんお気づきのように、これではまた最初の論点に戻ってきてしまいますよね。さすがにこれほど単純な構造でループするようなことは現実にはないでしょうが、これよりもずっと長く複雑な議論になると、ループしてしまっていることに気づくのが遅れてしまってもおかしくはありません。

　論点そのものがループ構造になってしまうのを防ぐには、やはり議論の構造を可視化することが有効です。ただし「可視化」といっても、発言を文章に書き起こすだけではループ構造に気づくことは困難です。

　文章でつらつらと表現するのではなく、**議論の要点と構造を図式化することで、ループ構造になっているかどうかはすぐに判別できます。**ですから、議論をリアルタイムで可視化し、ループ構造を回避することを習慣にしましょう。

　なお、議論の可視化については第 2 章「議論をリアルタイムに可視化する」で詳しく説明しているのでご参照ください。

⑤判断が必要なところで議論している

　5つ目の要因「意思決定が必要なところであるにもかかわらず、議論している」について解説します。

　ビジネスの現場では意思決定の内容に説明責任を求められることが普通です。そのため「意思決定の際にはデータに基づいてロジカルに行なうべきである」という考え方が浸透している会社が多いのではないでしょうか。

　しかし、実際のビジネスの現場において、意思決定が完全にデータとロジックに基づいてなされるのかといえば、それは違います。むしろ、データとロジックで完璧に説明できることのほうが少ないでしょう。

　その理由は3つあります。

・意思決定に必要なデータがすべてそろっていることはあまりない
・意思決定のロジックには何らかの前提条件があるが、前提条件が100％満たされることはあまりない
・環境が常に変化し続けている以上、意思決定の前提もまた常に変化している

　極めて単純な内容の意思決定であれば必要なデータがすべてそろっていることもあるかもしれません。

しかし、複雑な内容になればなるほど必要なデータの種類や収集範囲が広くなり、収集コストも増大していきます。そうすると、「相応のコストを払って意思決定に必要なデータを収集するか否か」という意思決定が必要になってしまうという滑稽な状況になりかねません。

　そのため、**限られたデータをもとに意思決定を行なうことのほうが多いのが実情です。**

　また、意思決定のロジックには前提条件が付きものです。

　たとえば、「業務効率向上のために新しいツールを導入したい。ツールＡとツールＢが候補に挙がっていますが、どちらを採用しますか？」という意思決定においては、一般的にはツールに求める要件やコスト、導入期間などを比較したうえで、より条件に合うものを選択することになるはずです。

　しかし、あえて明示的には出さないものの、「ツールを運用する企業の信頼性が高い」や「ベンダー側の担当者が要件に対して一定の理解があること」などの隠れた前提条件が無数にあるはずです。そのような隠れた前提条件を網羅的に明示すること自体が難しいうえに、すべての条件について調査することも現実的でないことのほうが多いでしょう。

そして、ビジネス環境が常に変化しつつある以上、現時点で最も合理的と判断して行なった意思決定は1年後、あるいは早ければ1カ月後、1週間後の時点では「最も合理的」とは言えなくなってしまうことも珍しくはありません。

　この3つの理由により、意思決定が完全なデータと完璧なロジックで説明がつくケースはむしろ珍しいのです。百歩譲って意思決定に必要なデータを過去から現在まですべて定義し、取得できたとしても未来のデータは取得することはできず、あくまでも予測するしかありません。当然、予測は外れる可能性を含んでいるので、意思決定の結果は当初想定していたものから外れる確率を含みます。それがリスクです。

｜意思決定には常にリスクが付きまとう

　意思決定とは「リスクを許容して前に進むべきか？それともリスクを回避してとどまるべきか？」を判断することといえます。
　ここは進むにしろ退くにしろ、腹をくくって決めるしかありません。そのような腹をくくるべき状況になって

いることに気がつかずに議論を続けていても、おそらくその場で同じ話を延々と繰り返すことになるだけです。もし、議論が堂々巡りになってしまっているとしたら、それは意思決定すべき（腹をくくるべき）ところであるにもかかわらず議論を続けているのではないか、と疑ってみましょう。

本節では、議論がループしてしまう５つの要因と、その対処法についてお伝えしました（ 図04-06 ）。会議の中で「同じ話を延々としている」と感じた際にはどれかの要因に当てはまっていないかを確認し、適切に対応することで議論のループから抜け出しましょう。

図 04-06

議論がループするときの対処法

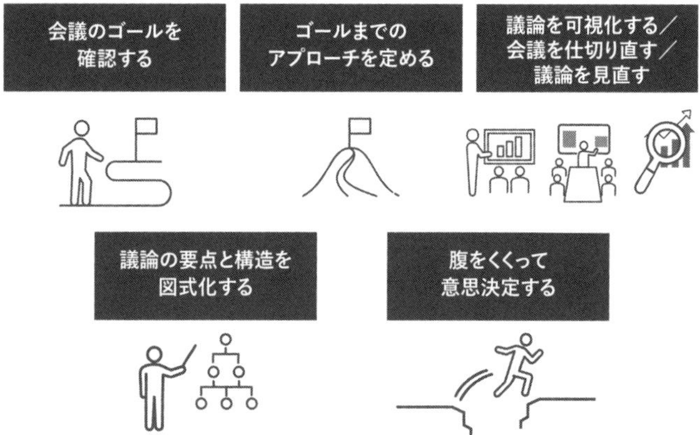

| 会議のゴールを確認する | ゴールまでのアプローチを定める | 議論を可視化する／会議を仕切り直す／議論を見直す |

| 議論の要点と構造を図式化する | 腹をくくって意思決定する |

04 反対者への対応

反対意見を出す人の扱いは
くれぐれも慎重に

　会議の内容や参加者、タイミングなどによっては会議の形式や進め方、内容などに反対意見が出るのは当然です。しかし、反対者への対応の仕方を誤ってしまえば会議で成果を出すのはおろか、最悪の場合には組織のチームワークや人間関係、日常業務に支障をきたす恐れがあるので注意が必要です（次ページ 図04-07 ）。

　そこで、本節では会議で反対者が現れた際の効果的な対処法をお伝えします。前半では無益な争いを避けるためにすべきことを、後半では反対意見を活かして成果につなげる方法を解説します。

図 04-07

反対者への対応を誤ることによる悪影響

会議の成果を
上げられなくなる

チームワークの崩壊

日常業務への支障

反対者が現れる際の2つのパターン

　そもそも、会議で反対者が現れる際には大きく分けて2つのパターンがあります。

　それは「論理的な反対」と「感情的な反発」です。前者は通常の議論の延長線上にあるので特に問題にならないのですが、後者は会議で成果を出すどころではなくなってしまう恐れがあります。

　また、厄介なのは万が一「論理的な反対」への対応の仕方を誤ってしまうと「感情的な反発」に移行すること

もあることです。なので、どちらのパターンにおいても慎重な対応が求められます。

反対者への対応に失敗したケース

ここで、対応に失敗してしまった例を見てみましょう。ある会社の営業本部の部長が集まって、売上や利益などの管理と報告にかかる作業負荷の削減案について検討しているとします。

【Aさん】
「皆さんもご存じの通り、売上・利益の管理・報告のための作業に時間がかかりすぎて、顧客訪問や提案活動に費やす時間を十分に確保できないという悲鳴が現場からあがっています。昨今の採用難で人員を増やすのが容易ではない中、会社のさらなる成長を実現するために売上・利益の管理・報告の手間を減らす打ち手を策定し、早急に実行に移すことが求められています。ぜひ忌憚のないご意見をいただきたい」

【Bさん】
「いや、打ち手以前の問題として、そもそも会社として

求める数値が細かすぎるのが問題なのではないですか？
たとえば……」

【Cさん】
「会社として必要な数値は、過去に十分吟味したうえで
設定していますよ。今さらそこを深掘ったところで何も
出てきやしませんよ」

【Bさん】
「そうですか、では、管理ツールについてはいかがでし
ょうか？　正直、現場からあがってくるデータのミスで
差し戻すケースが多くなっています。管理ツールでの作
業に転記と手集計の部分が多いのが原因ではないでしょ
うか？」

【Cさん】
「そんなことより、報告会議のほうを優先して対応が必
要ですね。報告会議が形骸化しているのではないかとい
う意見が少なくありません。その点についてどう思われ
ますか？」

【Bさん】
「この会議、もう抜けていいですか？」

さて、このケースではＡさんの問題提起に対してＢさん、Ｃさんが意見を出し合っています。しかし、ＢさんとＣさんのやり取りの末にＢさんが「会議を抜ける」と言い出してしまいました。これでは会議で成果を出すどころか、今後Ｂさんの力が必要なときに協力してもらえなくなってしまうかもしれません。

　なぜこのような事態になってしまったのでしょうか？
　おわかりになった方も多いでしょうが、ＣさんがＢさんの最初の発言をさえぎってしまったうえに、次の発言を無視してしまっているからですね。
　では、どのように対応すればよかったのでしょうか？
　それは、**ほかの参加者の発言をさえぎらずに最後まできちんと聴くことと、聴いた話を踏まえたうえで議論すること**です。

　ほかの参加者の発言をしっかり聴くことを「傾聴」といいます。
　ただし、「しっかり聴く」といってもただ最後までさえぎらずに聴くだけでは不十分です。**傾聴で押さえるべきポイントは、相手の主張が自分の考えとは異なっていたとしても、いったんは相手の言葉をそのまま理解しようと努めること**です。間違っても自分の都合の良い方向

に曲解してはなりません。

　また、発言内容が長かったり複雑だったりする場合には、「あなたの発言内容をこのように理解しましたが、合っていますか?」と確認するのが効果的です。

　その際、要点を文章で記述したり、もし可能であればホワイトボードやPowerPointなどのツールで図式化して確認すると理解の相違を防ぐことができるうえ、相手に自身の発言が真剣に取り上げられていることが伝わるので、感情的な反発を回避することにつながります。

終了後に反対する人には
どう対応する?

　さて、ここまでは会議での発言に着目して気をつけるべき対応の仕方を解説しましたが、これよりも厄介なのは「会議ではおとなしくしていたのに、会議後に反旗を翻す人」です。

　この手のタイプの人は会議中、特に発言しなかったり当たり障りのないことしか言わなかったりするのでその場では特に問題視されないのですが、それゆえにあとから不意打ちを食らって会議の成果が泡となって消えてし

まう懸念があります。

　では、どのように対応すればよいのでしょうか？

　この手のタイプの人は、会議中はおとなしくしているのでうっかりすると気がつかずにスルーしてしまいがちです。しかしヒントはあります。それは**表情と態度**です。そもそも会議の内容や形式に不満を抱いているので、そういう人は終始、固い表情を崩さないことが多いです。特に、ちょっとした冗談や軽い雑談にもまったく乗ってこないようであれば要注意です。

　また、意見を求められた際に「もろ手を挙げて賛成というわけではありませんが、まあいいんじゃないですか。別に」という感じの歯切れの悪い発言をするようならさらに危険です。
　このような表情をしていたり態度を取ったりする相手は会議後に「私は賛成していなかった」とか「私は協力する気はさらさらない」などと言って、会議の成果を反故にしてしまうリスクが高いです。

　では、このような人にはどのように対応すればよいでしょうか？
　筆者の経験上、会議中に打てる有効な手はあまりあり

ません。それよりも会議の閉会直後が肝心です。もし、表情や態度から「この人は危険だ」と察知したら、会議が終わってすぐに個別に話を聞きにいきましょう。

そういう人は会議が終わったとたん、会議中のオフィシャルな場では言わなかった反対意見や不満を饒舌に話してくれるものです。

そこで得られる情報の中には会議の内容にかかわる重要なものが含まれていることもあります。もし、そのような情報がなかったとしても、あとから丁寧にフォローすることで、その人の態度が軟化する効果を得られる場合もあります。

正直な話、「言いたいことがあるなら会議の最中に言えばいいのに」と思う気持ちはよくわかります。しかし、会議の成果に悪影響を与えるリスクを少しでも減らすために、面倒がらずにフォローするようにしましょう。

反対意見を成果につなげる方法

ここまでは会議の反対者が現れたときに無益な争いを避けるためにすべきことについて解説しました。ここからは、反対意見を活かして成果につなげる方法を解説し

ます。

　そもそも議論において、自分と異なる意見が出てくるのは歓迎すべきことです。むしろ、全員が同じ意見しか言わないのであればわざわざ会議を開いて議論する必要がありませんし、そもそも議論になりません。
　それでは、反対意見が出てきたときの対応方法にはどのようなものがあるでしょうか？

①反対意見を論破して自分の意見を押し通す
②自分の意見を引っ込めて反対意見を採用する

　おそらく多くの方は上記の２つを思い浮かべたのではないでしょうか？
　自分の意見と相対する意見の２つであれば、どちらかより優れたほうを採用してもう片方は不採用、というのがシンプルな考え方です。
　もちろんこのような考え方にも一理ありますが、ビジネスの場で行なう会議は基本的にはディベートではないはずです。大切なのは議論の白黒をはっきりさせることではありません。それよりも、**参加者全員で１つの目的を達成するために協力すること**が重要です。

その考え方を踏まえると、反対意見はむしろ議論の質を向上させるために使うべきですし、反対意見を述べてくれる人は感謝すべき存在です。

とはいえ、いったいどうすれば反対意見を活用して議論の質を上げられるのでしょうか？

その答えが「弁証法」です。

反対意見から新しい意見を
生み出す弁証法

弁証法とは、対立する２つの要素である「テーゼ（主張）」と「アンチテーゼ（反対意見）」が衝突し、それによって新しい段階「ジンテーゼ（主張と反対意見を統合した新しい意見）」が生み出される進化の過程を指します。この考え方は、哲学、歴史、科学、社会学など、さまざまな分野で用いられています。

ちょっとわかりにくいかもしれないので、具体例を見てみましょう。

ある会社の商品企画部での会議のひと幕です。新商品開発のコンセプトを話しています。

【Dさん】

「今日は新商品開発のコンセプト案について検討を進めましょう。これまでに出てきているコンセプト案の中では、前回の会議でEさんから発案されたものの評価が一番高かったです。Eさん、振り返りがてら説明をお願いします」

【Eさん】

「はい、コンセプトは『最先端のテクノロジーと日常生活の融合』です。高速通信網とIoTデバイス、それにAIを組み合わせて日常生活のあらゆる不便を解決する商品を提案しました」

【Fさん】

「悪くないと思いますが、最先端のテクノロジーは子どもやお年寄りが扱えるのでしょうか？　特に国内では高齢化によってお年寄りの市場の重要度は増すばかりです。ここの需要を満たすものでなければ開発資金の回収は難しいのではないでしょうか？」

【Eさん】

「確かにおっしゃる通りですね。いくら最先端のテクノロジーを搭載していても、使える人が少なくては仕方な

いですよね」

【Gさん】
「それならば、最先端のテクノロジーを搭載していても誰でも使えるようにUI／UXを工夫するのはどうでしょう？　そうすれば、お年寄りや子どもはもちろんのこと、それ以外の機械オンチの方など、誰にとっても使いやすいものになるはずです」

　このケースを弁証法の考え方でひも解いてみましょう。

・テーゼ：最先端のテクノロジーと日常生活の融合
・アンチテーゼ：最先端のテクノロジーを子どもやお年寄りが扱うのは難しいのではないか
・ジンテーゼ：UI／UXを工夫することにより最先端のテクノロジーを誰でも使えるようにする

　このように捉えることができます。
　Eさんからの話では、「最先端のテクノロジーを日常生活で活用する」という話がありましたが、それに対してFさんから、「最先端のテクノロジーは子どもやお年寄りが扱いづらいのではないか」という反対意見が出さ

れました。

　もし、ここで議論を単純な対立構造として捉えてしまえば、「お年寄りや子どもの市場を諦めて最先端のテクノロジーを活用する」か「お年寄りや子どもの市場を優先して最先端のテクノロジーの導入を諦める」のどちらを採用するか、という議論になっていたはずです。

　しかし、Eさんの話とFさんの話を単なる対立構造として捉えるのではなく、そこから「UI／UXを工夫することで最先端のテクノロジーを誰でも使えるようにし、重要な市場をカバーする」という、より優れたアイデアをGさんが出しています。これが弁証法の威力です。

　会議で反対意見が出たときには、議論を単純な二項対立にするのではなく、「弁証法を用いることでより高度な議論へと導くことができるのではないか」という可能性を探るようにしましょう。

　さて、この節では会議で反対意見を述べたり、不穏な態度を示したりする「反対者」が現れた際に、無益な争いに発展するのを予防したり、反対意見を活用してより高度な議論へと昇華させる方法をお伝えしました（次ページ 図04-08 ）。

　ぜひご自身の会議でも活用してみてください。

図 04-08

反対者への対応

相手の発言を 傾聴する	会議直後に フォローする	弁証法の活用

相手の発言を 傾聴する

- ☑ 相手の発言を さえぎらずに聴く
- ☑ 自分の理解が 正しいか確認する
- ☑ 相手の発言の 理解に努める
- ☑ 発言の要点を 可視化する

会議直後に フォローする

表情が硬い

態度がおかしい

歯切れが悪い

すぐにフォロー

弁証法の活用

ジンテーゼ

反対意見をアンチ テーゼとしてより高 度な考えを導く

第 5 章

多数決、全会一致で 意思決定を してはいけない

01 | 多数決がナンセンスな 3つの理由

重要な意思決定は多数決で 決めてはいけません

「決を採ります。賛成の方は挙手をお願いします」

　このように会議で何らかの意思決定をするときに多数決を使うことはありませんか?

　たとえば、新規エリアへの出店、フレックスタイム制の導入、営業支援システムのクラウドへの移行など、経営に大きく影響するような重要な意思決定について多数決で決めている会社は多いかと思います。

　しかし、本当にそれでよいのでしょうか?

　そもそもなぜ多数決で意思決定を行なっているのかを問うと、さまざまな回答が返ってきます。

　たとえば、「以前から重要な意思決定については多数

決で決めることになっているから」という回答。これは
もはや「理由」ではなく「経緯」なので、そもそも論外
でしょう。

　このほかには「民主主義的に決めるのがよいと思うか
ら」というビジネスの成果がうんぬんというよりも、政
治信条のような回答。あるいは、「過半数の人が賛同す
るのであれば、それなりに正しそうだから（うまくいき
そう）」という希望的観測による回答。さらには「多数
決が手っ取り早いから」という意思決定のスピードに着
目した回答もあります。

　最後の回答のように、多数決は確かに「手っ取り早い」
意思決定方法かもしれません。もし当該の意思決定にお
ける最優先事項がスピードにあって意思決定の質を問わ
ない場合、つまりまったく重要でない事柄（たとえば、
トイレットペーパーの色など）であれば多数決でもよい
かもしれません。しかしながら、重要な意思決定の場合
であれば、筆者は多数決をおすすめしません。

　その理由は次の３つです（次ページ 図05-01 ）。

①意思決定の質が下がる
②意思決定後に悪影響が出る
③業務の生産性が下がる

図 05-01

多数決がナンセンスな3つの理由

① 意思決定の質が下がる
・"多数派＝正しい"ではない
・多数派に不利なことは否決される
・多数決を選んだ時点で思考停止する

② 意思決定後に悪影響が出る
・理由を客観的に説明できない
・責任が分散する
・賛成派と反対派の対立を生む

③ 業務の生産性が下がる
・根回しが発生する
・上司からの差し戻しが発生しやすくなる
・意思決定を誤った場合の検証ができなくなる

①意思決定の質が下がる

　まず1つ目の理由「意思決定の質が下がる」について解説します。これは、さらに次の3つの要因に分解できます。

・"多数派＝正しい"ではない
・多数派に不利なことは否決される
・多数決を選んだ時点で思考停止する

● "多数派＝正しい"ではない
　意思決定を多数決にゆだねるということは、「多数派

の選択が少数派より正しい」とみなしていることと同義です。しかし、そもそも多数派の選択は少数派より正しいのでしょうか？

たとえば、政治の世界では、少なくとも民主主義の制度が浸透している国であれば、選挙における投票を通じて多数派の意見が反映されるようになっています。しかし、民主的であるかどうかと**「多数派の選択が論理的・客観的に正しいかどうか」はまったく関係がない**はずです（たとえば、世界史におけるガリレオの地動説のエピソードが良い例です）。

また、少し本筋からはズレますが、会議での多数決が民主主義の文脈において正統性があるのかどうかということ自体も、実は疑問です。会議の多数派が組織全体の多数派を明らかに代表していると言い切れないのであれば、会議での多数決は組織全体の意思を反映しているとは言えないはずだからです。

さて、話を元に戻します。

会議での意思決定において明確に採決しないにしても、「"何となくこっちのほうがいいよね"という雰囲気が漂っている」という空気感で物事が決まっていくことはよくあったりしますよね。これについても気をつけな

ければなりません。ですから、意思決定の際には、必ずしも「"多数派＝正しい"ではない」ということを意識して臨みましょう。

● 多数派に不利なことは否決される

続いて「多数派に不利なことは否決される」について説明します。

多数決を採用する以上は当然の帰結ですが、組織や会社全体の全体最適の実現を邪魔することになりかねません。もし、論理的に考えて会社の成長や顧客にとってプラスになるようなことであっても、**意思決定に多数決を採用してしまうと、会議参加者の多数派にとってマイナスになるようなことは否決されてしまうのは必定です。**

たとえば、会社全体でDX（デジタルトランスフォーメーション）を推進することになったとします。そのための第一歩として、「まずは現場の声を聴こう」ということで営業所のペーパーレス化を推進するために、社員のAさんは大量の紙に埋もれて業務をしている営業所員を集めて次のように話しました。

「まずは手はじめに、営業所のペーパーレス化から取り組みたいと考えています。その前提として現場の皆さん

の意思を尊重する必要があるので、ペーパーレス化の推進の是非について皆さんの決を採りたいと思います。では、ペーパーレス化に賛成の方は挙手をお願いします」

　この進め方は明らかに悪手です。

　なぜなら、このケースのような場合、特に年配のベテラン社員が多い場合には、「変化することへの抵抗感」から反対する人が多いからです。客観的に考えれば、ペーパーレス化によって現場の業務を効率化すれば、営業所員全員の業務は楽になるはずなのですが、ベテラン社員にとっては長年の経験で体に染みついたやり方を変えることは単なる面倒なことでしかありません。

　さらに考えを進めると、そもそも「会社全体にとってのプラスになるかどうか」という視点を過半数の営業所員が持ち合わせているでしょうか？　正直、あまり期待できませんよね。

　このように、多数決で意思決定をすることによって、かえって部分最適に陥ってしまったり、反対に部分的にすらマイナスの結果をもたらしたりすることになりかねません。

● 多数決を選んだ時点で思考停止する
　では、次に「多数決を選んだ時点で思考停止する」に

ついて考えてみます。

　そもそも意思決定とは複数あるオプションのうちどれか1つ、あるいは複数のオプションを選択することですが、本来は「なぜその選択肢を選ぶのか?」を突き詰めて考えたうえに答えを出すべきものです。

　ところで、なぜ私たちは意思決定をしなければならないのでしょうか?

　それは、会社や組織のリソースが限られているからです。

　もしヒト・モノ・カネといったリソースを無限に持っているのであれば、やりたいことはすべてやればいいだけの話です。しかし現実には、大小の差はあれど、会社や組織のリソースは限られています。ですから、どんな場面においても「何を取って」「何を捨てるのか」を決めなければなりません。つまり、**貴重なリソースをどのように配分するのかを決める必要がある**のです。そのために意思決定においては「これがベストな選択だ」と自信を持って言えるものを選ぶべきです。

　それにもかかわらず多数決で決めようとするのは、その時点で考えるのを放棄してしまうのと同じことであり、「会社や組織の貴重なリソースをムダにしてしまっ

てもかまわないのか」と疑われても仕方ありません。

②意思決定後に悪影響が出る

さて、ここまでは多数決がナンセンスな理由の1つ目「意思決定の質が下がる」について見てきました。

続いて2つ目の理由、「意思決定後に悪影響が出る」について見ていきます。これも3つに分解して考えましょう。

・理由を客観的に説明できなくなる
・責任が分散する
・賛成派と反対派の対立を生む

● 理由を客観的に説明できなくなる

1つ目の「理由を客観的に説明できなくなる」は、意思決定で多数決を採用すると、あとから意思決定の結果について「なぜ、このように判断したのですか?」と第三者から問われた際に「多数決で決めたからです」としか説明できなくなってしまうことです。しかしよく考えてみると、この回答は質問に対して完全に的外れであることがわかります。

たとえば、新しいシステムを導入する際に「システムAとシステムBのどちらを選択するのか？」という意思決定の会議において多数決でシステムBを選んだとします。その後、上層部から「なぜシステムAではなくシステムBを選択したのですか？」と聞かれて、「多数決で過半数の人が賛成したので導入を決定しました」と答えたらどうなるでしょうか？　きっと激怒されるか、呆れられるのではないでしょうか。

● 責任が分散する

　続いて「責任が分散する」について見ていきます。
　多数決で意思決定を行なうと、もし意思決定の結果が振るわなかった場合の責任の所在が曖昧になってしまいます。多数派（賛成）だった人全員に責任があるのか、それとも少数派も含めて多数決に参加した人も含めた会議の参加者全員が責任者になるのか？　このように曖昧になりやすく、また多数派の人の責任があるということにしても、複数の人に責任が分散されてしまいます。

　責任が分散してしまうと、意思決定の結果がうまくいかなかったときに誰が率先して対応すべきか、説明責任を誰が果たすべきかがわからなくなってしまいます。結果が良ければ問題が表面化することはあまりないかもし

れませんが、結果が悪ければあとからこのような問題が
発生する恐れがあります。

● 賛成派と反対派の対立を生む

これは多数決によって会議の参加者が賛成派と反対派
に分断され、会議後に対立構造が固定化してしまう危険
性があるということです。

仮に、組織Ａと組織Ｂがあったとします。意思決定
の内容が組織Ａに都合が良くて、組織Ｂに都合が悪い
ものだった場合、決を採ると当然、組織Ａからの参加
者は賛成し、組織Ｂからの参加者は反対票を投じます。
もし、組織Ａの参加者のほうが多ければ可決されます
し、反対に組織Ｂの参加者のほうが多ければ否決され
ます。

しかし、そうすると可決されても、組織Ｂの人は意
思決定の結果に対して否定的な考えやネガティブな感情
を会議後まで引きずることになります。ひどい場合は、
多数決で無理やり意見を押し通した組織Ａに対して敵
意を抱いてもおかしくはありません。

そうすると、業務上の組織間の協力体制が揺らぐこと
になり、会社全体として見たときにも悪影響が生じてし

まいます。

③業務の生産性が下がる

　最後に３つ目の「業務の生産性が下がる」を解説します。

　これはさらに次の３つに分けることができます。

・根回しが発生する
・上司からの差し戻しが発生しやすくなる
・意思決定が誤った場合の検証ができなくなる

　それぞれの場合を説明します。

● 根回しが発生する

　「根回しが発生する」とは、いったいどういうことでしょうか？

　自分や組織にとって大きな影響を及ぼす意思決定であればあるほど、そして自分たちにとって不利な決定がなされる可能性が高ければ高いほど、どうにかして有利な結果になるように誘導したいというインセンティブ（誘因）が働きます。

その意思決定が論理と客観的な情報によってなされるのであればよいのですが、多数決でなされることが事前にわかっていれば、意思決定で有利な結論を得るために、会議参加者への根回しを行なうインセンティブが発生します。つまり、事前に関係者に根回しをしておけば、会議の場では形式的な議論に続いて多数決で意思決定を行ない、想定通りの結論に至るように誘導することができてしまいます。

　とはいえ、根回しには相応の時間と労力がかかるものです。
　そもそも会議の中で決めれば1時間、あるいは2時間などといった短時間で結論を導けるところを、その時間に上乗せして数時間、あるいは数日間を根回しに費やすことになるかもしれません。
　それはつまり、意思決定そのものにかかるコストを増大させていることにほかなりません。**本来はもっと別の価値を生んでいたはずの時間を根回しに費やしてしまうことで、業務生産性の低下を招いてしまうのです。**

● 上司からの差し戻しが発生しやすくなる
　業務生産性が下がる理由はほかにもあります。「上司からの差し戻しが発生しやすくなる」からです。これは、

197ページの「理由を客観的に説明できなくなる」という話と関連があります。

意思決定を多数決にゆだねることによって得た結論を上司に報告すれば、きっと「なぜ、その結論に至ったのか？」と聞かれるはずです。その際に「参加者の多数決で決めました」と報告したら、聡明な上司であれば「それは私の問いに答えていない。なぜ、その結論がほかの選択肢よりも優れているのかを論理的に説明してください。それができないのであれば、再度、議論して客観的に説明ができる結論を出しなさい」などと差し戻されてしまうのがオチでしょう。そうすると会議をやり直して、もう一度議論しなければならなくなってしまいます。

● 意思決定が誤った場合の検証ができなくなる

最後の「意思決定が誤った場合の検証ができなくなる」について見てみましょう。

会社や組織で行なう意思決定は、一度しか行なわないということはありません。些末なものも含めれば日々、意思決定の連続ではないでしょうか。

そして、その意思決定の積み重ねがビジネスの成否に大きく影響します。ゆえに、意思決定の質を上げることが肝要です。意思決定の質を上げるためには、過去の意思決定の内容と結果について検証を行ない、改善してい

くのが有効です。

　ところが意思決定を多数決で行なってしまうと、「なぜこのような結論に至ったのか？」という問いに対する答えが「多数決で決めました。以上」となってしまいます。

　本来であれば「意思決定の際の論理に問題があったのか」、もしくは「集めた情報に過不足や鮮度などの問題があったのか」、はたまた「論理と情報の両方に問題があったのか」といった観点から検証を行ない、その反省を活かし、次回以降の意思決定の精度を向上させることができるはずなのです。

　多数決を採用するということは、その機会をみすみす逃してしまうことにほかなりません。ゆえに、意思決定の質がいつまで経っても上がらず、その結果ムダな会議が増えてしまいます。

　さて、この節では多数決がナンセンスな理由について、次の3つの観点をもとに、それぞれの観点を掘り下げて説明しました。

①意思決定の質が下がる
②意思決定後に悪影響が出る
③業務の生産性が下がる

意思決定は多数決ではなく、しっかりと議論をしたうえで結論を導くことがいかに重要であるかを理解していただければ幸いです。

　最後に補足です。おそらく一部の読者の方は多数決の弊害についてはわかったものの、多数決を採らずに最終的な意思決定をどのように行なうのか具体的なイメージが湧かないという方もいるかもしれません。

　多数決を採らずに意思決定する際の言い回しはいろいろありますが一例として、議論を尽くして結論が出た時点で「では、これで決定ということでよろしいでしょうか？」と参加者に問いかけて、特に異論がなければ「こちらの案で決定します」と言い切ってしまう方法があります。

　その際、プレゼンテーション資料をプロジェクターで投影していれば、決定した案に「〇月〇日　決定済」とその場で記載し、会議直後に参加者や関係者全員に送付しましょう。それによって会議での決定を既成事実として公に示すことができます。

02 | 全会一致に こだわることなかれ

全会一致は経営にダメージを与える

　あなたの会社や組織の会議では、重要な意思決定の際に全会一致を原則としていませんか？　先ほどの節では多数決がナンセンスな理由をお伝えしましたが、多数決がダメなら全会一致が良いのかというと、そういうわけでもありません。

　むしろ、意思決定の際に全会一致にこだわってしまうと経営に大きな悪影響を及ぼしてしまいかねません。特に「投資タイミングの逸脱」と「機会損失の発生」という２つの点において、経営に大きなダメージを与えることが懸念されます。

　その理由は次の３つです（次ページ 図05-02 ）。

①必要なリスクを取れなくなる
②意思決定が遅れる
③内容が骨抜きにされる

図 05-02

全会一致を原則とすることの弊害

❶ 必要なリスクを取れなくなる
たった1人でも
リスク回避思考の人がいれば
決議が通らなくなってしまう

❷ 意思決定が遅れる
全員の賛成票を取り付けるための
利害調整に時間がかかりすぎる

❸ 内容が骨抜きにされる
全員が賛成できるように
原案への妥協が重なり
可もなく不可もない案になってしまう

投資
タイミングの
逸脱

機会損失の
発生

①必要なリスクを取れなくなる

1つ目の「必要なリスクを取れなくなる」というのは
どういうことでしょうか？

そもそも意思決定というのは何らかのリスクを許容し
て効果の獲得を狙う決断をすることと捉えることができ

ます。しかし、参加者の人数が多ければ多いほど、そして参加者の多様性があるほど、その中にはリスクを極端に嫌う人が含まれる確率が上がります。

　意思決定に全会一致の原則を採用していると、そのようなリスク回避傾向の人が数人、あるいはたった1人でも反対すれば決議が通らなくなってしまいます。

　たった1人でも反対することによって決議が通らなければ、何らかのリスクをともなう意思決定は行なえず、現状維持に落ち着いてしまいます。それは、新しい取り組みへの着手やリスクテイクな投資判断ができないということと同義です。

▶ ②意思決定が遅れる

　2つ目の「意思決定が遅れる」は、全会一致を原則とすることで利害調整によけいな時間がかかってしまうということです。

　参加者が少なければそれほど時間を必要としないかもしれませんが、やはり多くなればなるほど参加者全員が賛成するまで意思決定できないとなると、それなりに時間がかかってしまいます。前節でも言及したように、それこそ事前の根回しが必要になるなど、手間も増えてしまいます（200ページ）。

③内容が骨抜きにされる

　３つ目の「内容が骨抜きにされる」は、関係者全員が賛成できるように調整を図るうちに取り組み内容などについて妥協を重ねることで、本来エッジの効いた斬新だったはずのものが何のインパクトももたらさない無難なものに変貌し、もともと狙っていた目的の達成が難しくなってしまうリスクです。「誰も反対しないもの」にする引き換えに本質的な価値を損なってしまっては、何のための意思決定なのか、疑問を持たざるを得ません。

　では、この３つがどのように経営にダメージを与えるのでしょうか？　205ページで述べた「投資タイミングの逸脱」と「機会損失の発生」との関連をベースにひも解いていきます。

全会一致のデメリット①
「投資タイミングの逸脱」

　まず「投資タイミングの逸脱」について簡単に説明します。こちらは新しい事業領域への参入や新商品／新サービスの開発と投入などを想定しています。

208

特に大型の投資案件になればなるほど、「リスクを取る」という判断をすることになりますが、全会一致にこだわるあまりに「リスクを取る」という判断ができなければ、投資をするという決断を下すことができません。たとえば、リスク回避傾向のある人が意思決定の会議に1人でも混じっていたら投資判断をできないのです。これでは話になりません。

　また、どうにかしてリスク回避傾向のある人を説得することに成功して、投資の判断ができたとしても、説得にかかる時間が長ければ投資タイミングを大きく逃してしまう恐れがあります。現代は環境の変化が素早いため、ほんの少しでも遅れを取ってしまうと取り返しがつかなくなることが珍しくありません。

　そして、仮にタイミングよく投資判断を下せたとしてもリスクを恐れるあまりに内容が骨抜きにされ、十分なリソースを投入できなければ狙った効果を得られなくなってしまいます。中途半端な投資によってうまくいかなければ、むしろ投資しないという判断を下すほうがマシな場合もあるでしょう。

　もちろん、投資の判断をする際にはリスクとリターン

を十分に考慮したうえで行なうべきです。しかし、全会一致の原則に固執するあまり、投資の判断ができなかったり、投資タイミングを逸したり、あるいは十分な資金を投入できなかったりすれば会社の成長の足かせとなりかねません。

全会一致のデメリット②
「機会損失の発生」

続いて、「機会損失の発生」について見てみましょう。

ここでは「ほぼ確実に効果を得られる打ち手」をやらない、または実施が遅れることによる機会損失に限定して考察します。

では「ほぼ確実に効果を得られる打ち手」とはどのようなものでしょうか？　これには業務改善の打ち手やDXなどが当てはまります。わかりやすいところでは次のような打ち手です。

・営業日報の電子化とモバイルアプリ化
・事業所ごとに行なっている事務作業の集約化
・システム間で分断されているデータの連携

● 営業日報の電子化とモバイルアプリ化

　「営業日報の電子化とモバイルアプリ化」の取り組み
は、前提として営業担当者が手書きで紙の日報に記入し
ている現状があります。そもそも手書きという時点で手
間がかかりますし、それ以上に日報を記入・提出するた
めに営業先から一度帰社しなければならず、その時間が
ムダになっています。

　また、日報の情報は基本的に営業所長や上司以外が閲
覧することはなく、会社全体で活用することは到底でき
ません。さらには日々の営業活動の情報が共有されない
ことで、急病や離職の際にほかの社員が十分にカバーで
きない恐れがあります。

　このような状況であれば、日報を電子化してモバイル
アプリで入力・閲覧・検索・更新・共有できるようにす
れば、わざわざ日報の記入と提出のために帰社する必要
がなくなりますし、全社でデータを活用することもでき
ます。

　もちろん、営業担当者が何らかの事情で突然欠勤して
も、周囲の人がアプリの情報を確認しながら素早くカバ
ーできるようになります。つまり、よほど特殊な事情で
もない限り、ほぼ確実に効果を得られる打ち手です。

● 事業所ごとに行なっている事務作業

また、「事業所ごとに行なっている事務作業」は、それぞれの事業所に特化したローカルルールやフォーマットが横行する要因になります。そうすると、事業所から上がってくる売上や利益などの報告データについて情報の粒度や内容が少しずつ違ったり、全社規模で展開しようとする施策を事業所のルールに合わせてカスタマイズする必要が生じたりします。

さらには、事業所ごとに繁閑の差があった場合、事業所Aでは忙しくて事務担当者が残業続きであっても、事業所Bでは暇にしているということが起こり得ます。仮に、事業所Aの事務担当者が事業所Bにヘルプを求めたいと思っても、ルールやフォーマットが営業所間で異なるのでうまくいきません。

そこで、事業所ごとに分かれている事務作業を一括処理する事務センターを本社の中に設置すれば、事業所ごとに異なるローカルルールやフォーマットは統一化・標準化されるとともに、各事業所からの報告内容もすべて共通のものになります。

共通化できれば、手作業で調整していた作業を自動化できるので作業効率も上がります。こちらも条件さえ整えば、ほぼ確実に効果を得られる打ち手です。

● システム間で分断されているデータの連携

　続いて、「システム間で分断されているデータの連携」
です。

　現状、システムＡとシステムＢが存在するものの、
データ連携されていないために、システムＡからシス
テムＢに手作業でデータを転記していたとします。

　すると、次の３つの手間が発生します。

・転記そのものの手間
・転記したデータがシステム間で合っているかをチェッ
　クする手間
・あとから間違っていることに気づいたときに修正する
　手間

　特に厄介なのは３つ目です。入力から時間が経つほど
データが蓄積していき、どのデータが誤っているかを特
定し、修正する手間が膨大になってしまいます。

　このような場合にやるべきことはシンプルです。シス
テムＡからシステムＢにデータ連携させれば、転記の
手間、整合性チェックの手間、確認と修正の手間はすべ
てなくなります。明らかに効果を創出できる打ち手と言
えますね。

ここまでで、多くの場合において効果がほぼ確実に得られることがわかっている打ち手について3つの例をご覧いただきました。とはいえ、特殊な事情がなければ、効果を生み出すことがわかっていても、打ち手を実行に移すにはそれなりにシステムへの投資や人的リソースの確保などが必要なため、正式な手続きを踏んで意思決定することになるかと思います。

　しかし、その意思決定をするための会議に全会一致の原則を持ち込むとどうなるでしょうか？
　会議にリスク回避傾向のある参加者がいれば、「スマートフォンに馴染みのない社員がアプリを使いこなせずうまくいかないのではないか」「事業所ごとのルールを統一する際に混乱が生じるのではないか」「データ連携することによって、一方のシステムでエラーが生じた際にもう一方のシステムにも悪影響を及ぼすのではないか」など、何かと理由をつけて反対してくることが予想されます。

　反対票が入ることで、せっかく考えた打ち手を採用しなかったり、反対者の説得に時間がかかって実行に移すまでに長い年月を要したり、あるいは打ち手が骨抜きにされて効果が限定されてしまったりするかもしれませ

ん。

　なお、先ほど挙げたような打ち手は、実行に移すのが
あとになればなるほど当然ながら効果を得られるのも後
ろにずれていきます。それはすなわち、業績に対する効
果が減ることと同じです。

　仮に、打ち手の効果を１カ月あたり 100 万円と算出し
た場合、意思決定が１営業日遅れるごとに５万円前後の
機会損失が発生することと同じです。全会一致の原則に
こだわって意思決定が遅れることは、会社の業績に明ら
かにダメージを与えるのです。

　ここまでで、会議で全会一致の原則にこだわることに
よって「投資タイミングの逸脱」と「機会損失の発生」
という経営への悪影響をもたらす理由をお伝えしまし
た。
　最後に全会一致について重要なことを補足しておきま
す。それは、「結果的に全会一致になった」場合にはこ
こまでの話が当てはまらないということです。

　結果的に全会一致になるというのは議論の結果、参加
者全員が賛成、あるいは反対に回るということです。「全

会一致を原則とすること」と「結果的に全会一致になること」は似たようなものに思えるかもしれませんが、実はまったく違います。

　前者の場合には先ほど挙げた「必要なリスクを取れなくなる」「意思決定が遅れる」「内容が骨抜きにされる」という弊害が生じる恐れがありますが、後者の場合にはありません。

　そして、意思決定を行なう会議で結果的に全会一致に至ることは、意思決定としての投資や打ち手の実行に追い風になることは言うまでもありません。「全会一致にはこだわらないが、結果的に全会一致になった」という状態に持っていけたら、それがベストということです。

03 意思決定は論理と情報、 シナリオに基づくべき

重要な意思決定における 5つのステップ

　前節までは多数決と全会一致を原則とすることの問題点について述べてきました。この節ではどのように意思決定すべきかを説明します。重要な意思決定の際には、以下に挙げるような5つのステップを踏んで考えてはいかがでしょうか（次ページ 図05-03 ）。

ステップ①意思決定の背景と目的を整理する
ステップ②意思決定で考慮すべき要素を洗い出す
ステップ③意思決定の選択肢と各要素についての情報を
　　　　　提示する
ステップ④各選択肢を選んだ場合に考えられるシナリオ
　　　　　を描く
ステップ⑤シナリオを比較・検討して意思決定を行なう

図 05-03

意思決定のステップ

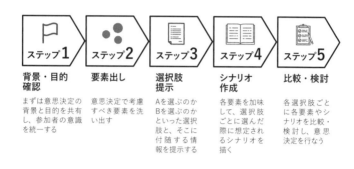

ステップ1	ステップ2	ステップ3	ステップ4	ステップ5
背景・目的確認	要素出し	選択肢提示	シナリオ作成	比較・検討
まずは意思決定の背景と目的を共有し、参加者の意識を統一する	意思決定で考慮すべき要素を洗い出す	Aを選ぶのかBを選ぶのかといった選択肢と、そこに付随する情報を提示する	各要素を加味して、選択肢ごとに選んだ際に想定されるシナリオを描く	各選択肢ごとに各要素やシナリオを比較・検討し、意思決定を行なう

＞ ステップ①意思決定の背景と目的を整理する

　会議で重要な意思決定を行なう際には、最初に意思決定の背景と目的のシェアから始めます。

　まず背景についてですが、ひとことで言えば「なぜ今、その意思決定が必要なのか？」ということです。「自社の属する業界に新規参入した企業の脅威が強く、何も対応せずに手をこまねいていてはシェアを奪われてしまう」とか「新しいテクノロジーを活用したツールをいち早く導入することで競争優位を強化できるチャンスがある」など、その意思決定が必要になった背景を会議の参

加者とシェアしましょう。

　また、意思決定によって「何を達成したいのか？」「何を得たいのか？」など、その目的についても明確にすることで参加者全員の意識をすり合わせることができます。

◈ ステップ②意思決定で考慮すべき要素を洗い出す

　背景と目的をシェアできたら、意思決定をするために「何について考えるべきか？」、その要素を抽出しましょう。

　たとえば、「他業界からの新規参入の脅威に対して自社のシェアを防衛するために取るべきアクション」であれば、そのアクションを採用した場合に想定される効果の大きさや必要な費用、労力、時間、想定される競合他社のリアクションなど、「何を考慮するべきか？」をさまざまな角度からあらかじめ抽出しておくことをおすすめします。

◈ ステップ③意思決定の選択肢と
各要素についての情報を提示する

　意思決定をするからには、当然、複数の選択肢を用意

しなければなりません。そしてそれぞれの選択肢ごとにステップ②で挙げた要素を検討します。

その際にありがちなのは「各項目について、1〜5点の点数で評価しました」といって評点をつけて、総合点の高いものを選ぶということですが、これはおすすめしません。定量的な評価なのでそれっぽくは見えますが、各項目間の重みや点数のつけ方に主観が入る余地があるからです。そうではなく、たとえば費用であれば金額、労力であれば何人日必要かなど、より客観的に評価できる定量的な情報を提示しましょう。

❯ ステップ④各選択肢を選んだ場合に 考えられるシナリオを描く

各要素について別々に考慮しても判断がつかない場合には、それらの要素を加味して各選択肢を選んだ場合に想定されるシナリオを考えるとよいでしょう。シナリオを検討することで視野が広がり、要素だけでは見落としていた重要な点に気づいたり、自社にとって都合の悪いことにも目を向けることができたりといったメリットがあります。

また、どんなシナリオにも不確実性がともなうので、それを見越して**シナリオにはベストケース、ワーストケ**

ース、その中間のケースの３つを用意し、あわせて提示するとさらによいでしょう。

▶ ステップ⑤シナリオを比較・検討して意思決定を行なう

　各選択肢についての要素とシナリオを踏まえて意思決定を行ないます。

　最も簡単なのは「選択肢Ａ、Ｂ、Ｃはいずれも目的達成に利用できそうだが、自社の財務状況を踏まえると費用面で許容できるものがＢに限られる」というように、要素だけで判断できるものです。

　しかしながら現実にはもっと複雑なケースが多いので、要素に加えて各シナリオを踏まえて、「Ａ、Ｂ、Ｃの中でＡとＣのワーストケースは自社にとっての打撃が許容範囲を超えており、かつ十分に起こり得るので却下し、より安全なＢを選択する」といった意思決定を行ないます。

意思決定の質を上げる
３つの強力な手法

　さて、ここまで会議での意思決定のステップについて

説明してきましたが、ビジネスの世界での意思決定には市場の不確実性、競合の動向、顧客のニーズの変化など、考慮すべき要素は山ほどあります。特に不確実性が大きい意思決定においては、これらの複雑な要素を適切に処理することが難しい場合があります。

そこで、ここから先は論理的・客観的な意思決定を助ける手法を紹介します。それは次の3つです。

①ベイズ統計
②ゲーム理論
③デシジョンツリー

❱ ①ベイズ統計 ── 不確実な意思決定に使える

まずベイズ統計ですが、これは不確実性をともなう意思決定において使える強力な手法です。

ベイズ統計は、確率を「信念の度合い」として解釈し、新しい証拠を取り込むことで確率を更新する方法を示します。ベイズの定理を用いて、事前確率（ある事象が発生する前に持っていた確率）に新しい証拠を組み合わせ、事後確率（新しい証拠を考慮したあとの確率）を求めます。このアプローチは不確実性の高い状況下での意思決定、特に情報が限られている、または変化している状況

222

において有用です。

　たとえば、新製品の市場投入に際して、企業は過去の
データや市場調査から事前確率を設定します。そしてプ
ロモーション活動後に得られる初期の顧客フィードバッ
クをどう扱うかを考えるうえでベイズ統計を用います。
　このフィードバックを新しい証拠として取り入れ、製
品の成功確率を更新することができます。これにより、
企業は生産量の調整やマーケティング戦略の微調整をよ
り精度高く行なえるようになります。

　具体的な数値を交えて説明しましょう。
　企業Aが新製品を市場に投入する前に、事前市場調
査から類似製品の成功確率が40％であると判断しまし
た（事前確率）。そして最近の市場分析により、現在の
市場トレンドがこの種の製品に有利であることが示され
ました。
　なお、市場トレンドが製品に有利である場合、類似の
製品投入の成功確率は70％に上がります。反対に市場
トレンドが製品に不利である場合、成功確率は10％に
下がります。この場合、企業Aの新製品投入の成功確
率は何％でしょうか？

この問いは新製品投入の是非を判断する重要な意思決定なので、特に客観的かつ論理的な判断が求められます。では、順を追って成功確率を求めてみましょう。

　まず、事前の市場調査から新製品投入の成功確率は40％、失敗する確率は60％ということがわかっているので、まずは100％をこれら2つの領域に分けます。

　次に「成功」と「失敗」の各領域をトレンドが「有利」か「不利」かで2つの領域に分けて、それぞれの確率を計算します。

　すると、次の通りになります。

A. 新製品投入での成功確率40％×市場トレンドが有利な場合の成功確率70％＝28％

B. 新製品投入での成功確率40％×市場トレンドが不利な場合の成功確率30％＝12％

C. 新製品投入での失敗確率60％×市場トレンドが有利な場合の失敗確率10％＝6％

D. 新製品投入での失敗確率60％×市場トレンドが不利な場合の失敗確率90％＝54％

　実際には「市場トレンドが有利」という調査結果が出ているので「市場トレンドが不利」になる確率は0にな

り、「市場トレンドが有利」な2つのケース（AとB）が残ります。そこで、この2つを合わせて確率が100%になるように計算します。

　それぞれ28％と6％なので、確率の比率が「28：6」になり、それぞれを2で割ると「14：3」と表せます。

　つまり、市場トレンドで有利かつ成功する確率は「17分の14」＝約82％と求めることができます（226ページ 図05-04 ）。

　いかがでしたでしょうか？

　ベイズ統計という言葉をはじめて知ったという方は、学校で学んだ仮説検定や区間推定といった統計とずいぶん違うなと感じられたのではないでしょうか。それもそのはず、一般的に学校で学ぶのはネイマン・ピアソン統計学で、ベイズ統計とは異なるものです。

　しかし安心してください。ベイズ統計はインターネットの迷惑メールフィルタや自動翻訳、ワクチン接種の効果測定などで実際に使われています。そして、ベイズ統計では過去の経験や専門家の意見を確率の計算に使用したり、新しいデータが得られるたびに追加データを加味して確率を算出し直せたりします。そのため、ベイズ統計は不確実性が高く変化が著しいビジネス環境での意思決定を強力にサポートするツールといえるのです。

図 05-04

ベイズ統計の使用例

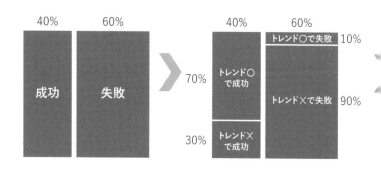

1. 事前確率の設定

40%　　　60%

成功　　　失敗

2. 条件付き確率の設定

40%　　　60%

トレンド〇で失敗 10%

70%　トレンド〇で成功

トレンド×で失敗 90%

30%　トレンド×で成功

4. 2つの可能性が消滅

トレンド〇で失敗

トレンド〇で成功

トレンド×で失敗

トレンド×で成功

3. 4つの確率の計算

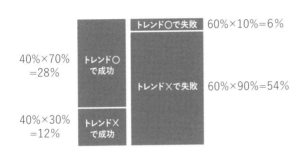

40%×70%
=28%

トレンド○
で成功

トレンド○で失敗　60%×10%＝6%

トレンド×で失敗　60%×90%＝54%

40%×30%
=12%

トレンド×
で成功

5. 残った可能性の比率から確率を計算

トレンドが有利な場合における
成功の確率

：

トレンドが有利な場合における
失敗の確率

28% ： **6%**

= **28** ： **6**

= **14** ： **3**

⇒ゆえに成功する確率は **82%**（**17分の14**）である

② ゲーム理論 ——ライバルの行動を分析・予想する

　ゲーム理論は複数の意思決定者（プレイヤー）が相互に依存する状況において、それぞれがどのように行動すべきかを分析します。**各プレイヤーの選択肢（戦略）とそれに対する報酬（利得）を考慮し、ナッシュ均衡（※）や支配戦略のような概念を用いて最適な戦略を導き出します**。ゲーム理論はビジネス、経済学、政治学など幅広い分野で応用されています。

※ナッシュ均衡とは、ゲームに参加するプレイヤーが互いに対して最適な戦略を取り合っているという状況を指します。また、支配戦略とはほかのプレイヤーの戦略の選択によらずほかのすべての戦略以上に高い利得を得られる戦略です。

　たとえば、競合が多い市場での新製品の価格設定を考える際、ゲーム理論を活用できます。競合他社も同様に価格戦略を考えていると仮定し、彼らが取り得るさまざまな価格設定（低価格、中価格、高価格）に対して、自社が取り得る最適な価格戦略を分析します。
　ナッシュ均衡を見つけることで、競合との価格戦争に陥ることなく、市場シェアを確保し利益を最大化できる価格を特定します。

では、具体例で考えてみましょう。

　企業Aと企業Bは同じ市場で競合しています。両社が新製品を価格維持または値下げのいずれかで販売した場合の利益を次の通りと試算したとします。

A. 企業Aと企業Bがともに1万円で販売した場合：
　企業A、企業Bともに利益は10億円
B. 企業Aが価格維持、企業Bが値下げして販売した場合：
　企業Aの利益は5億円、企業Bの利益は15億円
C. 企業Aが値下げ、企業Bが価格維持で販売した場合：
　企業Aの利益は15億円、企業Bの利益は5億円
D. 企業Aと企業Bがともに値下げして販売した場合：
　企業A、企業Bともに利益は3億円

　企業Aにとっては自社が値下げして企業Bが価格維持するシナリオが最も利益が多くなりますが、それは企業Bにとっても同じことです。また、企業Aの値下げに対応して企業Bも値下げしてしまうと価格競争に陥り、利益額が最低になってしまいます。

　このゲームにおけるナッシュ均衡は、両社が価格競争を避け、製品を1万円で販売する戦略です。この均衡では、どちらの企業も一方的に価格戦略を変更することで

利益を増やすことができません（ 図05-05 ）。

図 05-05

ゲーム理論の使用例

		企業B	
		価格維持	値下げ
企業A	価格維持	企業A：10億円 企業B：10億円	企業A：5億円 企業B：15億円
	値下げ	企業A：15億円 企業B：5億円	企業A：3億円 企業B：3億円

各プレイヤーの選択肢（戦略）と報酬（利得）を
マトリクスで整理して最適な戦略を導き出す

③デシジョンツリー
—— 複雑な意思決定プロセスを視覚化する

デシジョンツリーは、複数の選択肢からなる意思決定
プロセスをツリー構造で表現したものです。

**出発点から選択肢をたどることで最終的な結果に至り
ます。**各分岐点（ノード）は、意思決定の選択肢や発生
可能な事象を表し、枝はそれら選択肢の結果を示します。
デシジョンツリーは、特にリスク、結果、その確率を明

確にしたい場合や、複雑な意思決定プロセスを視覚化したい場合に有効です。

　デシジョンツリーは、新しい市場に進出する際の戦略選択などに使えます。進出方法（直接投資、合弁事業、フランチャイズなど）ごとにリスク、コスト、見込み利益を枝に見立てて示します。市場調査から得られる各選択肢の成功確率を組み込み、期待値（成功確率と見込み利益の積）を計算します。これにより、最もリスクが低く、期待利益が高い市場進出戦略を選択できます。

　では、具体例で考えてみましょう。
　ある企業が新市場に進出する際の選択肢を検討しています。進出方法には直接投資、合弁事業、フランチャイズの導入があり、それぞれで成功時と失敗時を加味して検討します。

直接投資：　初期コスト20億円
　成功時：確率70%、見込み利益50億円
　失敗時：確率30%、見込み利益20億円
合弁事業：　初期コスト10億円
　成功時：確率60%、見込み利益30億円
　失敗時：確率40%、見込み利益10億円

フランチャイズ： 初期コスト5億円
　　成功時：確率50％、見込み利益20億円
　　失敗時：確率50％、見込み利益5億円

　デシジョンツリーを用いて期待値を計算すると、直接投資、合弁事業、フランチャイズそれぞれの期待利益は次のように算出できます。

○直接投資の期待利益：21億円
　（50億円×70％＋20億円×30％－20億円）

○合弁事業の期待利益：12億円
　（30億円×60％＋10億円×40％－10億円）

○フランチャイズの期待利益：7.5億円
　（20億円×50％＋5億円×50％－5億円）

　分析の結果、直接投資が最も期待値が高い進出方法であると判断されます（234ページ 図05-06 ）。

さて、この節の前半は重要な意思決定の進め方を、後半は論理的・客観的に意思決定を行なうためのツールとして「ベイズ統計」「ゲーム理論」「デシジョンツリー」をご紹介しました。

　もちろん、ご紹介した進め方やツールがいかなる場合にも適用できるわけではありません。しかし、このような進め方やツール、あるいはその根底にある考え方を理解しておけば、状況に合わせて柔軟に対応することができるはずです。

　真に重要な意思決定こそ、安易に多数決で決めずに精緻な論理と客観的な情報、それにシナリオの検討を踏まえて行ないましょう。それによって意思決定の質向上が見込めるのはもちろんのこと、意思決定者としての説明責任をしっかり果たすことにもつながります。

図05-06

デシジョンツリーの使用例

複数の選択肢をツリーで表現して、

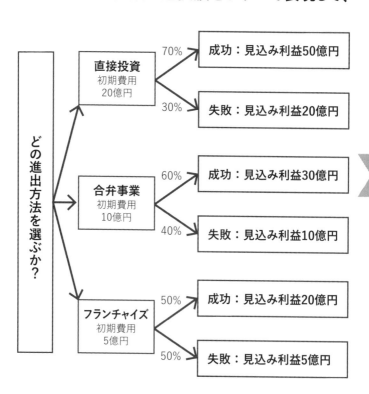

どの進出方法を選ぶか?

直接投資
初期費用
20億円

70% → 成功:見込み利益50億円

30% → 失敗:見込み利益20億円

合弁事業
初期費用
10億円

60% → 成功:見込み利益30億円

40% → 失敗:見込み利益10億円

フランチャイズ
初期費用
5億円

50% → 成功:見込み利益20億円

50% → 失敗:見込み利益5億円

各選択肢の期待値（期待利益）を計算する

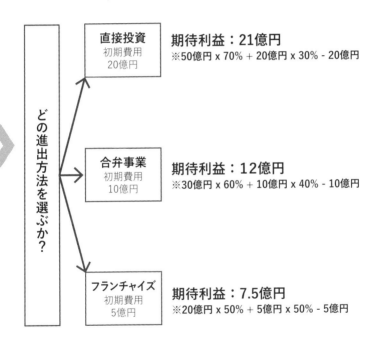

どの進出方法を選ぶか？

直接投資
初期費用
20億円

期待利益：21億円
※50億円 x 70% + 20億円 x 30% - 20億円

合弁事業
初期費用
10億円

期待利益：12億円
※30億円 x 60% + 10億円 x 40% - 10億円

フランチャイズ
初期費用
5億円

期待利益：7.5億円
※20億円 x 50% + 5億円 x 50% - 5億円

おわりに

　私が新卒で入社したIBMビジネスコンサルティングサービス（現・日本IBM）では、ロジカルシンキング研修やプレゼンテーション研修、ドキュメンテーション研修、エクセル研修など、所属するコンサルタントを育成するための研修が大変充実していました。

　しかし、今ではどうかわかりませんが、少なくとも当時においては会議を包括的に扱う研修やコンテンツはありませんでした。その代わりに上司や先輩コンサルタントの背中を見て、どうやって会議をうまく回しているのかを実践の中で必死に学んだものです。

　クライアントとの毎回の会議が真剣勝負のコンサルティングを生業としている会社ですらこの通りなので、ほかの業界・業種で会議をメインテーマに据えた研修や教育コンテンツが充実しているところは少ないのではないかと推察しますが、これは本当にもったいないことです。

　日本人は真面目で仕事の期日をきっちり守り、ミスも少なく、最後まで責任を持って仕事を完遂できる人が多い印象です。しかし、いざ会議となるとどうでしょうか？

あらかじめ定められた議題について、それぞれが思うところを好き勝手に発言し、紛糾したまま当初予定していた終了時刻を大幅に超過し、挙句の果てには収拾がつかなくなり、最後は多数決で強引に意思決定する——このようなことは決して珍しくありません。会議が苦手なビジネスパーソンがあまりにも多いのではないか、というのが本書を執筆するきっかけとなった問題意識です。

　私は業務改善コンサルティングを生業としていることもあり、会議を短時間で効率的に行なうことを常に追求してきました。それに加えて家庭では育児にフルコミットしていることもあり、仮に夕方に会議が入っても17時頃には切り上げて子どもを迎えに行かなくてはなりません。

　もちろん、育児があるからといって中途半端な状態で会議を放り出すわけにはいきません。会議を「予定通りに終えること」と「成果を出すこと」を同時に両立することがマストなのです。長年にわたってこの状況を切り抜けるために、常識に捉われずにひたすら会議の効率的な進め方を模索してきました。そうやって実践を通じて獲得した知見のすべてが本書の随所に散りばめられているのです。

　なお、本書の内容の根幹には先述したIBM時代の素晴らしく優秀で面倒見の良い上司や、尊敬してやまない諸先輩方からのご指導があります。また、お互いに別々のプロジェクトで切磋琢磨した同期の励ましや、私のプロジェクトに参画してくれた後輩諸氏の献身的な貢献がなければ、私は今もコンサルタン

トとしての活動を継続できていなかったかもしれません。

　さらには、私を信じてコンサルティングをご依頼いただいた数多くのクライアント企業の皆様の存在なくしては、私はコンサルタントとしての十分な経験を積むことができず、成長の機会も得られなかったことは自明です。心より感謝申し上げます。

　本書の内容は、Webメディア「マイナビニュース」に5年弱にわたって連載したコラム「成果を上げながら定時で帰る仕事術」の内容が土台になっています。このコラムがなければ、本書は存在しませんでした。長い間担当していただいた編集部の山口晴子さんに感謝いたします。

　そして、本書の出版の機会を与えてくださったフォレスト出版の皆様や、私に「会議についての本を出しませんか」と声をかけてくださり、その後もムダのないやり取りで並走いただいた担当編集者の貝瀬裕一さんにとりわけ感謝しています。

　最後に、見返りを求めず無条件に私を応援してくれている家族や友人を含めた、かけがえのない方々に感謝をいたします。
　本書を通じて皆様の会議をより生産的なものにし、その先には会社の業績向上、さらには日本経済の発展にほんのわずかでも寄与することができれば本望です。

2024年3月　相原秀哉

相原秀哉 （あいはら ひでや）

株式会社ビジネスウォリアーズ 代表取締役

慶應義塾大学大学院法学研究科修士課程修了後、IBMビジネスコンサルティングサービス（現・日本IBM）入社。グローバルスタンダードの業務改革手法「Lean Six Sigma」を活用したコンサルティングを得意とし、2012年に日本IBMで初めて同手法の最上位資格「Lean Master」に認定される。業界・業種を問わずホワイトカラーの業務改革コンサルティングに従事し、業務生産性向上やDX推進、DX認定取得などの案件を手がける。
Webメディア「マイナビニュース」にてビジネスコラム「成果を上げながら定時で帰る仕事術」を約5年にわたり連載。
著書に『リモートワーク段取り仕事術』（明日香出版社）、共著書に『研究開発者のモチベーションの高め方と実践事例』『研究開発部門の新しい"働き方改革"の進め方』（ともに技術情報協会）がある。

株式会社ビジネスウォリアーズ https://www.bw-s.co.jp/

結果を出す組織は、
どんな会議をしているのか？

2024年5月21日　初版発行

著　者	相原秀哉
発行者	太田 宏
発行所	フォレスト出版株式会社
	〒162-0824　東京都新宿区揚場町2-18　白宝ビル7F
	電話　03-5229-5750（営業）
	03-5229-5757（編集）
	URL　http://www.forestpub.co.jp
印刷・製本	中央精版印刷株式会社

『結果を出す組織は、どんな会議をしているのか？』
購入者特典

議論の内容に応じた可視化のテンプレート集

読者の方に無料
特別プレゼント

著者 相原秀哉さんより

購入者特典として、本書の第2章「議論をリアルタイムに可視化する」と第3章「フレームワークを使って議論をコントロールする」の理解を深めるのに役立つ「議論の内容に応じた可視化のテンプレート集」をご用意しました（PDFファイル）。ご自身のお仕事に合わせてご利用いただくことで、会議の質と成果がさらに向上します。ぜひご活用ください。

特別プレゼントはこちらから無料ダウンロードできます↓

https://frstp.jp/mtg

※特別プレゼントはWeb上で公開するものであり、小冊子・DVDなどをお送りするものではありません。

※上記無料プレゼントのご提供は予告なく終了となる場合がございます。あらかじめご了承ください。